高职高专工学结合、课程改革规划教材

交通职业教育教学指导委员会
路桥工程专业指导委员会　组织编写

Luji Shigong Jishu

路基施工技术

道路桥梁工程技术专业用

刘　志　主　编

黄晓明［东南大学］
田景贵［贵州路桥集团有限公司］　主　审

人民交通出版社

内 容 提 要

本书是交通职业教育教学指导委员会推荐教材,由交通职业教育教学指导委员会组织编写。全书共分为:路基施工准备、一般路基施工、路基排水工程施工、路基防护与加固工程施工、特殊路基施工、路基整修与交工验收六个学习情境。

本书是高职高专院校道路桥梁工程技术专业规划教材,也可作为有关专业继续教育及职业培训教材。

图书在版编目(CIP)数据

路基施工技术/刘志主编. —北京:人民交通出
版社,2011.2
ISBN 978-7-114-08850-6

I.①路… II.①刘… III.①公路路基 – 工程施工 –
高等学校:技术学校 – 教材 IV.①U416.104

中国版本图书馆 CIP 数据核字(2011)第 004144 号

高职高专工学结合、课程改革规划教材

书　　名:	路基施工技术
著 作 者:	刘　志
责任编辑:	任雪莲
出版发行:	人民交通出版社股份有限公司
地　　址:	(100011) 北京市朝阳区安定门外外馆斜街 3 号
网　　址:	http://www.ccpress.com.cn
销售电话:	(010) 59757973
总 经 销:	人民交通出版社股份有限公司发行部
经　　销:	各地新华书店
印　　刷:	北京市密东印刷有限公司
开　　本:	787×1092　1/16
印　　张:	9.75
字　　数:	230 千
版　　次:	2011 年 2 月　第 1 版
印　　次:	2019 年 5 月　第 8 次印刷
书　　号:	ISBN 978-7-114- 08850- 6
定　　价:	23.00 元

(有印刷、装订质量问题的图书由本社负责调换)

交通职业教育教学指导委员会
路桥工程专业指导委员会

序

为深入贯彻落实教育部《关于全面提高高等职业教育教学质量的若干意见》及全国普通高等学校教学工作会议的有关精神，积极推行与生产劳动和社会实践相结合的学习模式，把工学结合作为高等职业教育人才培养模式改革的重要切入点，带动教学内容和教学方法改革。交通职业教育教学指导委员会路桥工程专业指导委员会在完成《道路桥梁工程技术专业教学标准和课程标准研究》的基础上，按照职业岗位(群)的任职要求，构建了突出职业能力培养的"教学标准"和"课程标准"，并据此组织全国20多所交通高职高专院校道路桥梁工程技术专业的教师编写了14门课程的工学结合、课程改革规划教材。专业"教学标准"和"课程标准"是全国道路桥梁工程技术专业多年建设成果的总结和提炼。

按照2010年4月路桥工程专业指导委员会所确定的编写原则，本套教材力求体现如下特点：

体系规范。以工学结合、校企合作所开发的教材为切入点，在"教学标准"和"课程标准"确定的框架下，改革教学内容和教学方法，突出专业教学的针对性，选定教材的内容。

内容先进。用新观点、新思想审视和阐述教材内容，所选定的教材内容适应公路建设发展需要，反映公路建设的新知识、新技术、新工艺和新方法。

知识实用。以职业能力为本位，以应用为核心，以"必需、够用"为原则，教材紧密联系生活和生产实际，加强了教学的针对性，能与相应的职业资格标准相互衔接。

使用灵活。体现教学内容弹性化，教学要求层次化，教材结构模块化；有利于按需施教，因材施教。

交通职业教育教学指导委员会
路桥工程专业指导委员会
2010 年 12 月

前　言

路基工程施工技术是高职高专院校道路桥梁工程技术专业的核心课程。通过本课程的学习,学生能够在掌握路基工程施工基本知识、实践技能的基础上,具备路基施工和组织能力,以及运用国家现行施工规范、规程、标准的能力。

本教材在编写过程中与企业(贵州省公路工程集团总公司)合作,以企业调研为基础,确定路基施工的工作任务,明确培养路基施工能力的学习目标。

《路基施工技术》的课程设计,基于路基施工过程的系统化设计原则,以培养路基施工能力为主线,以路基施工项目为导向,将路基施工项目分解为路基施工准备、一般路基施工、路基排水工程施工、路基防护与加固工程施工、特殊路基施工、路基整修与交工验收六个学习情境。

本教材由贵州交通职业技术学院刘志担任主编,卢斌担任副主编,学习情境一、五由刘志编写,学习情境二、三由卢斌编写,学习情境四、六由雷建海编写。

在本书编写过程中,作者参考和引用了大量有关文献资料,在此,对原作者顺致谢意。

由于时间仓促,水平有限,书中难免存在缺点和错误,欢迎读者提出宝贵意见。

编　者

2010 年 5 月

目　录

学习情境一　路基施工准备

路基施工需要消耗大量的人工、物资、机械和时间等资源,是一项历时长、技术要求高的工作。路基施工前,必须根据工程的实际情况做好准备工作,使各项施工活动能正常进行。在施工过程中,所有的施工活动都必须严格按照有关施工规范进行,以确保工程质量,最后得到优良的路基实体。

施工单位接受施工任务后,即可着手进行施工前的准备工作。在工程开工前,必须有合理的施工准备期。而且施工准备工作应有计划、有步骤、分阶段地贯穿于整个工程项目的施工过程。随着工程的进展,在各分部、分项、工序工程施工之前,都要做好施工准备工作。

路基施工前的准备工作是保证路基施工顺利实施的基本前提。根据规定,如果施工前的准备工作经监理工程师审核而未达到合同规定的要求,则不予批准开工。因此,必须高度重视、认真对待路基施工前的准备工作。

路基施工准备工作的内容主要包括:组织准备、物质准备、技术准备和现场准备四个方面,见图1-1。此外,还应进行路基工程施工组织设计及试验段的选择与实施。

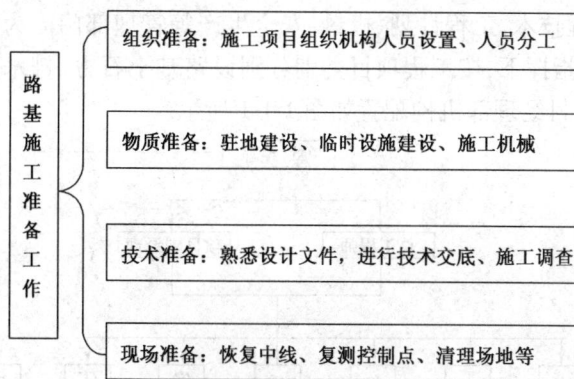

图1-1　路基施工准备工作

工作任务一　组 织 准 备

学习目标

1. 熟悉组织准备的内容;
2. 知道项目经理部的功能(作用);
3. 了解项目经理部的机构设置。

任务描述

利用某在建公路路基施工组织准备文件、多媒体教学资源,通过教师讲解,使同学们掌握施工组织准备的内容。

🖋 学习引导

本工作任务沿着以下脉络进行学习：

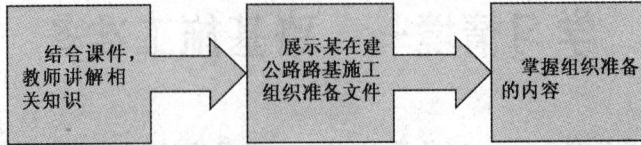

```
结合课件,        展示某在建        掌握组织准备
教师讲解相    →   公路路基施工   →  的内容
关知识           组织准备文件
```

🖋 相关知识

在整个工程项目施工之前,首先要建立一个能完成施工管理任务,使项目经理指挥灵便、运转自如的高效项目组织机构——项目经理部。一个好的组织机构,可以有效地完成施工项目管理目标。

1. 项目经理部人员设置的原则

施工项目组织机构的人员设置,以能实现施工项目所要求的工作任务为原则,尽量简化机构,做到高效精干。人员配置要严格控制二、三线人员,力求一专多能,一人多职,同时还要增加项目班子管理人员的知识含量,着眼于使用和学习锻炼相结合,以提高人员素质。

2. 项目经理部组成及分工

根据工程的大小,一般项目经理部的经理为工程的项目负责人,负责全面管理工作;项目总工程师负责工程的质量与技术管理工作;临时党支部负责安全生产、后勤服务等工作。项目经理部下设质检、工程技术、工程计划、机料、安全生产等管理部门。为便于组织施工及管理,在项目经理部的统一指挥下,按工程项目类别分别设路基土石方、排水及涵洞、防护工程等专业作业组(工区)。项目经理部机构配置如图 1-1-1 所示。

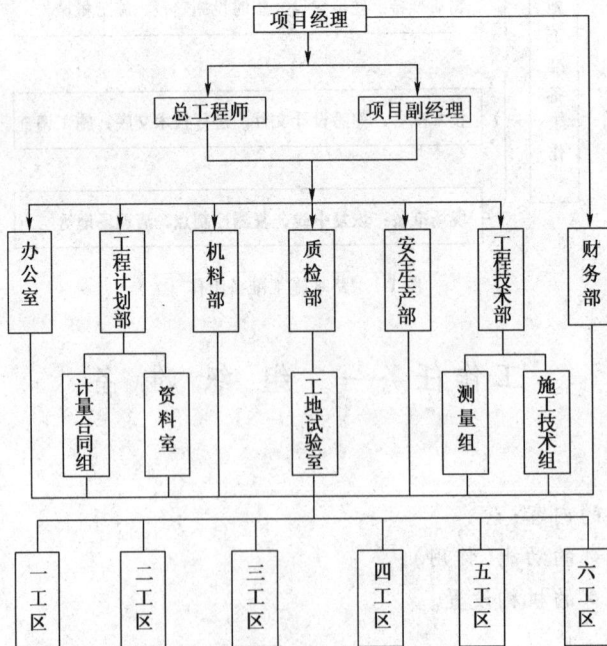

图 1-1-1　项目经理部机构配置示意图

项目经理部的人数视工程规模的大小、工程难易程度而定,路桥专业技术人员一般公路按平均每人管理3~5km,高速、一级公路平均每人管理1km配置。

工作任务二 物 质 准 备

📝 **学习目标**

1. 熟悉物质准备的内容;
2. 了解驻地建设的内容;
3. 了解路基施工机械设备;
4. 了解路基施工的试验项目和检测项目。

📝 **任务描述**

利用某在建公路路基施工物质准备文件、多媒体教学资源,通过教师讲解,使学生掌握施工物质准备的内容。

📝 **学习引导**

本工作任务沿着以下脉络进行学习:

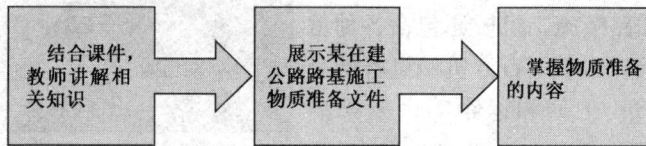

```
┌──────────┐      ┌──────────┐      ┌──────────┐
│ 结合课件, │      │ 展示某在建 │      │ 掌握物质准备 │
│ 教师讲解相 │ ──▶  │ 公路路基施工 │ ──▶ │ 的内容    │
│ 关知识   │      │ 物质准备文件 │      │          │
└──────────┘      └──────────┘      └──────────┘
```

📝 **相关知识**

物质准备主要包括驻地建设、路基施工机械设备及试验设备准备,具体内容如图1-2-1所示。

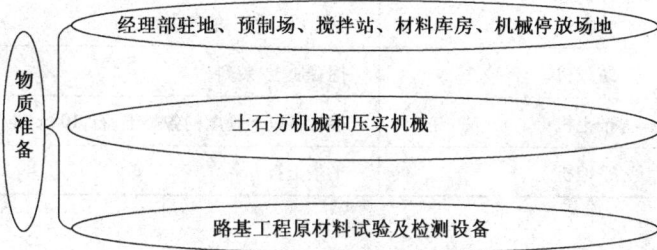

图1-2-1 物质准备内容

1.驻地建设

(1)驻地应设有职工宿舍、会议室、试验及测量用房、项目经理部各机构办公室、食堂等。

(2)根据工程规模可设置一个或多个预制场、搅拌站(图1-2-2)、材料库房(图1-2-3)等。

(3)驻地建设,应满足消防安全的要求,并做好消防培训工作。

2.路基施工机械设备

图 1-2-2　搅拌站

图 1-2-3　材料库房

　　路基施工机械(图 1-2-4)包括土石方机械和压实机械,主要是指推土机、装载机、挖掘机、平地机、自卸车、压路机。在路基土石方施工时,施工机械的合理配套是工程能否按时完成及经济效益的保障。

　　路基土石方机械担负着开挖、铲装、运输、整平、压实的任务。石质路堑施工机械还包括各种型号的松土器、凿岩机等。路基土石方机械设备配套是根据土质、工程数量、工期和运距等因素来确定的。

图 1-2-4　路基施工机械

　　常用土方机械及适用性如表 1-2-1 所示。

常用土方机械及适用性　　　　　　　　　　　　　　表 1-2-1

序号	机械名称	适用性
1	挖掘机	软石以下硬度的各类土、石
2	装载机	挖普通土、装料
3	推土机	推软石以下硬度的各类土、石,100m 推、运土
4	平地机	平整土石方

　　3.试验设备

　　工地试验室为施工现场提供试验和检测服务,配合路基施工,检测工地所用的各种原材料、加工材料及结构性材料的物理力学性能,以及施工结构物的几何尺寸。图 1-2-5 为路基现场检测图。

　　路基工程工地试验室进行的试验和检测项目,见表 1-2-2 和表 1-2-3。

路基土石方工程主要材料试验项目表　　　　　　表 1-2-2

序号	试验项目	序号	试验项目
1	土的筛分试验	4	击实试验
2	含水率试验	5	回弹模量试验
3	塑液限试验	6	CBR 试验

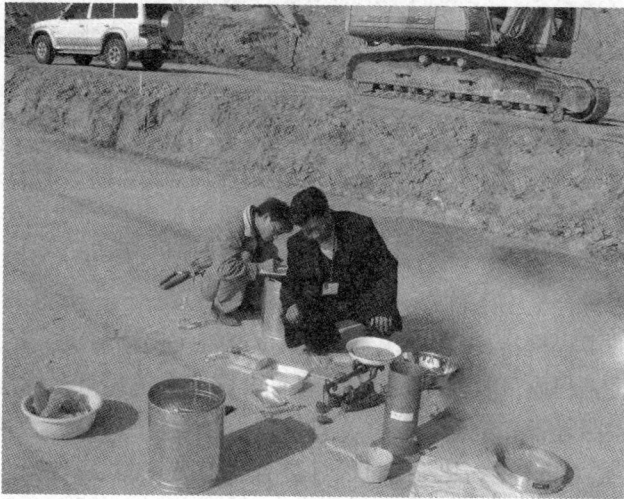

图 1-2-5　路基现场检测

路基工程主要检测项目　　　　　　　　　　　　　　表 1-2-3

序号	检测项目	序号	检测项目
1	压实度检测	3	平整度检测
2	弯沉检测	4	外形尺寸、坡度、高程等检测

工地试验室所购置的各种重要试验、检测设备,应通过计量部门标定、交通质量监督部门认证合格后才能投入使用。工地试验室认证工作应在接到中标通知书后立即开始申办,在工程开工前办理完毕各种证件。

工作任务三　技术准备

🖌 学习目标

1. 熟悉路基工程技术准备的内容;

2. 掌握路基工程技术交底的内容;

3. 了解路基工程施工调查的内容。

🖌 任务描述

利用某在建公路路基施工技术准备文件、多媒体教学资源,通过教师讲解,使同学们掌握技术准备的内容。

🖌 学习引导

本工作任务沿着以下脉络进行学习:

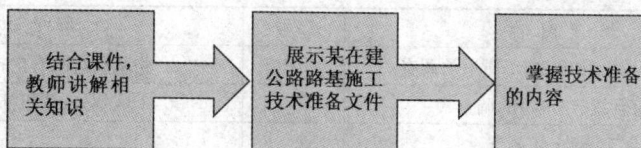

结合课件,教师讲解相关知识　→　展示某在建公路路基施工技术准备文件　→　掌握技术准备的内容

相关知识

技术准备工作的主要内容有熟悉设计文件、进行技术交底和实施施工调查。

1. 熟悉设计文件及技术交底

设计文件是组织施工的主要依据,熟悉、审核施工图纸是领会设计意图、明确工程内容、掌握工程特点的重要环节。施工单位在接到施工设计文件后,应立即组织有关技术人员对施工设计文件进行审核,充分领会设计意图,核对地形和地质测量资料。图纸会审着重解决以下几个问题:

(1)核对设计是否符合施工条件;

(2)设计中提出的工程材料、工艺要求,施工单位能否实现和解决;

(3)设计能否满足工程质量及安全要求,是否符合国家有关规范和标准;

(4)设计图纸及说明是否齐全;

(5)设计图纸上的尺寸、高程、工程数量的计算有无差、错、漏、碰现象。

在施工人员熟悉设计文件和充分准备的基础上,参加由业主召集,由设计、监理、施工单位参加的设计交底和图纸会审。设计人员应向施工单位讲清设计意图和对施工的主要要求,施工人员应对图纸和有关问题提出质询,并由设计单位进行逐条答复,对合理化建议按程序进行变更设计或补充设计。某高速公路图纸审核及答复意见见表 1-3-1。

某高速公路图纸审核及答复意见　　　　　　　　　　　　表 1-3-1

某高速公路 T14 合同段设计图纸答复意见

设计单位:某交通规划勘察设计研究院

序号	详 细 说 明	所在图册	答 复 意 见
1	现场清理合计数量与各段落计算总和不符	第 1 册	经核查,设计数量无误
2	无详细主动防护网设计图	第 2 册	本次施工图补充设计已作补充
3	路肩墙工程数量与 S3-2-30 中护肩墙工程数量表不符,且护肩墙参数不详	第 2 册	本次施工图补充设计已作修订
4	路肩墙顶防撞护栏每延米工程数量有误,每延米 C30 混凝土数量经计算为 0.63m³,钢筋数量和计算混凝土数量与路基防护工程数量表不符,防撞墙宽度 50cm 与标准断面所标注的 75cm 冲突	第 2 册	本次施工图补充设计已作修订

设计图纸是施工的依据。施工单位和全体施工人员必须按图施工,未经业主和监理工程师同意,施工单位和施工人员无权修改设计图纸,更不能没有设计图纸就擅自施工。

技术交底通常包括施工图纸交底、施工技术交底以及安全技术交底等。这项交底工作分别由高一级技术负责人、单位工程负责人、施工队长、作业班组逐级组织进行。

路基施工准备阶段的施工调查,其目的是为做好土石方调配和施工组织设计作准备,主要内容见表 1-3-2。

图 1-3-1 为路基施工便道。

路基施工调查内容　　　　　　　　　　　　表 1-3-2

序号	调查内容	序号	调查内容
1	施工现场供水、供电、施工便道的调查	4	路基周边既有的排水设施调查
2	既有管线、建筑物的调查	5	工区划分、队伍部署、驻地选择
3	取土、弃土的调查		

图 1-3-1　路基施工便道

工作任务四　现场准备

学习目标

1. 熟悉路基工程现场准备的内容；
2. 掌握路基土石方施工前复测的项目；
3. 掌握路基工程放样的内容；
4. 了解场地清理的工作内容。

任务描述

利用某在建公路路基施工现场准备文件、多媒体教学资源,通过教师讲解,使同学们掌握现场准备的内容。

学习引导

本工作任务沿着以下脉络进行学习：

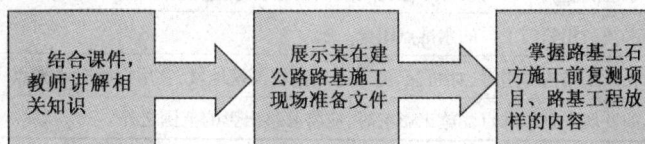

```
结合课件,           展示某在建            掌握路基土石
教师讲解相    →     公路路基施工    →     方施工前复测项
关知识              现场准备文件          目、路基工程放
                                         样的内容
```

相关知识

路基施工的现场准备工作包括：土石方施工前的复测、路基放样、清理场地。

1. 路基土石方施工前的复测

主要任务是复核设计文件所提供资料的准确性,尤其是工程量的误差百分比。

（1）复测的项目有：导线点复测、水准点复测与加密、路线中桩位置（坐标）及高程复测、横断面地面线的复测,如图 1-4-1 所示。

（2）复测步骤见图 1-4-2。

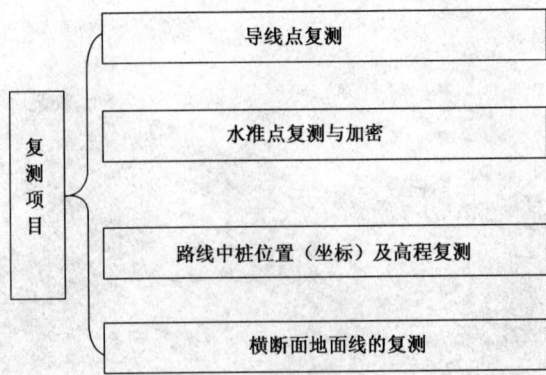

图 1-4-1　路基复测项目

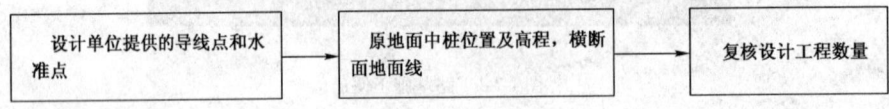

图 1-4-2　路基复测项目

（3）复测结构的处理。复测结果与设计文件相差超过允许误差时，应及时向业主和监理报告，提出相应的处理措施。测量精度应满足公路测量规范的要求，土石方数量相差 10% 以上时，应向业主提出变更要求。

有关导线点、水准点、路线中桩位置（坐标）及高程、横断面地面线的测量方法及规定，在相关书籍中已有详细论述，在此不再赘述。路基施工技术人员应特别注意表 1-4-1～表 1-4-3 所述问题。

导　线　复　测　　　　　　　　　　　　表 1-4-1

导线复测	1. 应采用全站仪或其他满足测量精度的仪器
	2. 导线起讫点与设计单位测定结果相比较，测量精度应满足设计要求
	3. 必须和相邻施工段的导线点闭合
	4. 对有碍施工的导线点，应设护桩加以固定

水准点复测与加密表　　　　　　　　　　表 1-4-2

水准点复测与加密	1. 水准点复测结果与设计单位测定结果相比较，测量精度应满足设计要求
	2. 必须和相邻施工段的水准点闭合
	3. 在人工结构物附近（如桥涵、隧道等）、高填深挖地段，宜增设临时水准点
	4. 如发现个别水准点受施工影响时，应将其移出影响范围之外

中　线　复　测　表　　　　　　　　　　表 1-4-3

中线复测	1. 高等级公路应采用坐标恢复中桩
	2. 应与独立施工的桥梁、隧道及相邻施工段的中线闭合
	3. 如发现原设计中线长度丈量错误，或需要局部改线时，应作断链处理

（4）其他：

①对高速公路和一级公路，要熟悉和掌握"逐桩坐标表"、"导线成果表"，因为它们是恢复中线的依据。

8

②所有测量成果应按合同规定提交监理工程师检核认可。

2. 路基放样

路基施工前,应根据路基横断面设计图和路基设计表进行放样工作。路基放样的目的是在原地面上标示出路基的轮廓,作为施工的依据,其主要工作内容如表1-4-4所示。

路基放样内容 表1-4-4

序　　号	工　作　内　容
1	在路中线各桩位处标定填挖高度
2	确定横断面方向
3	按设计图纸在地面上定出横断面上各主要点的位置,如路堤坡脚、路堑坡顶等

3. 清理场地

施工前应清除施工现场范围内所有阻碍或影响工程质量的障碍物(图1-4-3),其具体工作内容如下。

1)用地划界及房屋和其他建筑物的拆除

(1)公路用地的划界工作一般由建设单位(业主)完成。个别地段尚未划定的,施工单位应立即报告监理工程师,并会同建设单位尽快解决。

(2)施工单位在施工前应对路基范围内既有的垃圾堆、有机杂质、淤泥、软土、草丛、各类溶穴、池塘妥善处理。路基施工范围内的既有房屋、道路、河沟、通信电力设施、坟墓及其他建筑物,均应会同有关部门事先拆迁或改移。

2)清除树木和灌木丛

在路基施工范围内,对妨碍视线和影响行车的树木和灌木丛,均应在施工前进行砍伐或移栽。砍伐后的树木应堆放在不妨碍施工的地方。

高速公路、一级公路和路基填土高度小于1m的其他等级公路,应将路基范围内的树根全部挖除,并将坑穴填平夯实。采用机械化施工的路堑,均应将树根全部挖除(图1-4-3)。在填方和取土的地段应进行表面清理,清理的深度应根据种植土的厚度决定,清除的种植土应集中堆放。填方地段在清理完地表后,应整平压实到规定的要求,然后方可进行填方作业。

3)施工场地排水

施工场地排水是指疏干、排除场地上所积的地面水,保持施工场地干燥,为施工提供正常的条件。通常采用设置纵、横排水沟,形成排水系统,将水引至附近沟渠、低洼处予以排出。

图1-4-3　清理场地

工作任务五　路基工程施工组织设计

学习目标
熟悉路基工程施工组织设计的内容。

任务描述
利用某在建公路路基工程施工组织文件、多媒体教学资源，通过教师讲解，使同学们掌握路基工程施工组织的内容。

学习引导
本工作任务沿着以下脉络进行学习：

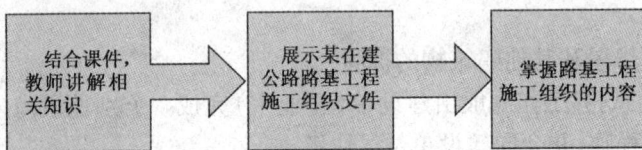

结合课件，教师讲解相关知识　→　展示某在建公路路基工程施工组织文件　→　掌握路基工程施工组织的内容

相关知识
施工组织设计的详细内容在《公路工程管理》中已有叙述，这里仅就施工阶段路基工程施工组织设计应注意的问题做简单介绍。

1. 编制依据
(1) 设计文件及与业主签订的合同、招标文件、投标文件；

(2) 施工合同规定的工期，开工日期及竣工日期；

(3) 施工技术规范、规程及有关规定；

(4) 主要设备和材料的采购合同及供应计划；

(5) 施工现场调查资料；

(6) 拟采用的新技术、新材料、新工艺、新设备等方案；

(7) 已施工过的同类工程的施工进度及经济指标等。

2. 编制原则
施工单位在编制路基施工组织设计过程中，应结合路基施工特点，遵循以下原则。

1) 严格执行工程建设程序和施工程序

施工组织设计属于施工前准备工作的一项重要内容。要严格遵守合同签订的施工期限，按照基建程序和施工程序的要求，保质保量按时完成施工任务。

2) 保证重点、统筹兼顾

要对工程项目的所有内容分清轻重缓急，集中力量对那些在整个工程中起关键和控制作用的作业项目进行施工，避免拉长战线，分散资源，拖延工期。同时还要有全局观念，以保证工程全线按期完成，迅速发挥投资效益，为后续施工创造良好条件。

3) 遵循工程的客观规律，科学合理安排施工季节、程序和施工顺序

按照路基工程施工的客观规律安排施工顺序，可将整个项目划分为几个阶段，如施工准备、土石方工程、排水工程、防护工程等。各施工阶段合理搭接，在保证质量的基础上，根据当地的气候季节特点，合理安排施工进度计划，充分利用施工时间并保持均衡施工，尽可能缩短

工期,加快施工进度。所以,必须处理好以下关系:

(1)施工准备与正式施工的关系。施工准备之所以重要,是因为它是后续施工能按时开始的重要条件。

(2)全场性工程与单位工程的关系。在正式施工时,应首先进行全场性工程的施工,然后按照工程的排序,逐个进行单位工程的施工。

(3)地下与地上的关系。在处理地下工程与地上工程时,应遵循先地下后地上的原则。

(4)空间顺序与工种顺序的关系。在安排施工顺序时,既要考虑施工组织的空间顺序,又要考虑施工工艺的工种顺序。空间顺序要以工种顺序为基础,工种顺序尽可能为空间顺序提供有利的施工条件。

4)应用科学的计划方法制订最合理的施工组织方案

根据工程特点和工期要求,尽可能采用平行流水作业施工方法,组织连续、均衡且有节奏地施工,保证人力、物力充分发挥作用。对于复杂工程,应用网络计划技术找出最佳的施工组织方案。

5)采用先进的施工技术和设备,加强科学管理

在选择施工机械过程中,要进行技术经济比较,充分利用现有的机械设备,使大型机械与中、小型机械结合起来,使机械化与半机械化结合起来,尽量扩大机械化施工范围,提高机械化程度。

6)确保工程质量和施工安全

贯彻施工技术规范、操作规程,提出确保工程质量的技术措施和施工安全措施。

3.原始资料的调查分析

编制实施性施工组织设计前,应全面收集原始资料,做好调查工作。原始资料调查内容见表 1-5-1。图 1-5-1 为路基原始地貌。

原始资料调查内容 表 1-5-1

调查项目	调查内容
1.自然条件的调查	合同段内的地形、地貌、地质、水文、气候等条件
2.施工资源的调查	筑路材料、运输条件,当地劳动力、电力、供水等
3.承包人能力的调查	员工数量、类别、素质,施工机械装备等
4.社会调查	管线、文物古迹等

图 1-5-1 路基原始地貌

4. 编制内容

一般来说,施工组织设计分为施工组织总设计和分部、分项工程施工组织设计,其具体内容如下。

1)施工组织总设计内容

施工组织总设计是以整个路基工程为对象,根据设计图纸和施工现场条件编制的,用以指导施工全过程各项施工活动的综合性文件,其主要内容见表1-5-2。

施工组织总设计内容 表1-5-2

序号	施工组织总设计内容	序号	施工组织总设计内容
1	工程概况	4	施工总进度计划
2	施工部署及主要构造物的施工方案	5	各项资源需要量计划
3	施工准备工作计划	6	施工总平面图

2)分部、分项工程施工组织设计内容

这部分内容主要由项目总工程师负责编制。每个分部、分项工程的开工申请是呈送监理工程师报批的不可缺少的内容,其主要内容见表1-5-3。

分部、分项工程施工组织设计内容 表1-5-3

序号	分部、分项工程施工组织设计内容	序号	分部、分项工程施工组织设计内容
1	分部、分项工程概况	5	人工、材料、机械计划
2	施工方法及施工机械的选择	6	施工平面图
3	施工进度计划	7	质量保证、安全、环保、文明施工等措施
4	施工安全计划		

5. 施工进度计划的编制

施工进度计划是施工组织设计的主要内容。总进度计划应根据施工合同工期、施工组织、施工部署及施工顺序对所有的施工项目作出开工、竣工的时间安排,每项工程开工前应有充分的施工准备时间,其编制步骤如图1-5-2所示。

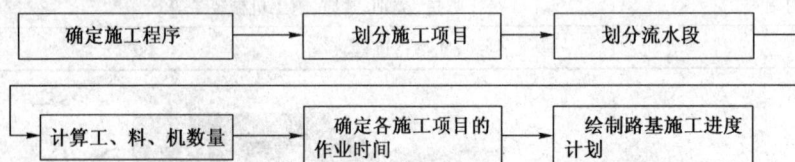

图1-5-2 进度计划编制步骤

编制施工进度计划常用的方法有横道图法和网络图法。这两种方法的原理见《公路工程管理》。

工作任务六 路基试验段的选择与实施

学习目标

1. 了解路基试验段的实施目的;

2. 掌握路基试验段的选择方法;

3.掌握路基试验段的实施步骤。

任务描述

利用某在建公路路基试验段施工组织文件、多媒体教学资源,通过教师讲解,使同学们掌握路基试验段的选择与实施。

学习引导

本工作任务沿着以下脉络进行学习:

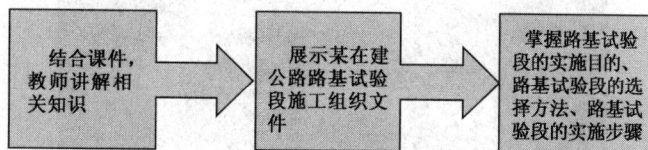

结合课件,教师讲解相关知识 → 展示某在建公路路基试验段施工组织文件 → 掌握路基试验段的实施目的、路基试验段的选择方法、路基试验段的实施步骤

相关知识

在高等级公路路基施工前,应采用不同的施工方案做试验路段,从中选出最佳的施工方案指导全线施工。在路基工程中需做试验段的工程项目通常有路基填方和地基处理。

必须在开工前编制施工组织设计,制订详细的施工方案。在整个试验段施工中,应加强对有关指标的检测,完工后及时写出试验报告,上报监理工程师审批。

1.试验段的实施目的

试验段的实施目的是为了取得施工经验,检验施工机械组合,根据压实机械情况及施工技术规范允许情况下的压实厚度、松铺系数,确定松铺厚度、土的最佳含水率、碾压遍数等。将以上资料整理上报,经监理工程师批准后,作为以后施工的经验资料,以指导路基的填方施工。

2.试验段的选择

以路基填方为例,试验段的位置应选在地质条件、断面形式及工程要求均具有代表性的地段,长度大于100m。试验场地应尽量选在主线上,且施工方便。试验段的选择原则见表1-6-1。

试验段的选择原则 表1-6-1

序号	原　　　则
1	距驻地近、地势平坦、交通方便、施工条件好的地段
2	工程量集中、施工时间较长的地段
3	土质较好且对今后施工具有广泛指导意义的地段

3.试验段的实施步骤

以路基填方试验为例,介绍其施工方案。

试验段的实施步骤见图1-6-1,试验段的实施现场见图1-6-2。

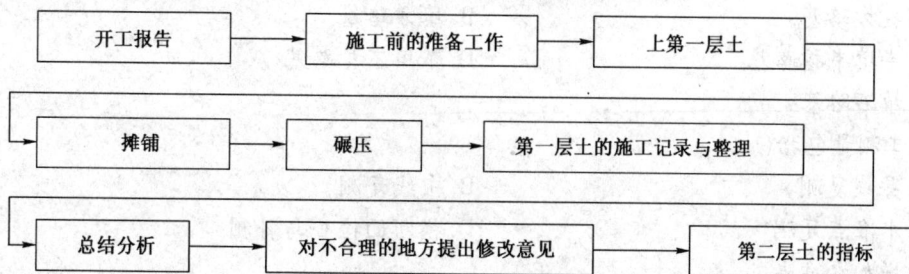

开工报告 → 施工前的准备工作 → 上第一层土

摊铺 → 碾压 → 第一层土的施工记录与整理

总结分析 → 对不合理的地方提出修改意见 → 第二层土的指标

图1-6-1　试验段的实施步骤

当第二层填土完成后,按第一层的方法进行总结分析,以确定第三层填土的各项指标。一般情况下,进行两次调整后就不需要再调整了。当填土的摊铺厚度、含水率、碾压遍数等指标稳定后,试验路段的目的就已达到,即可写出试验报告。

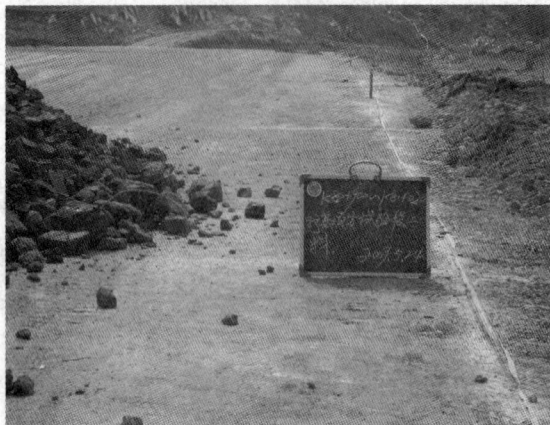

图 1-6-2 试验段的实施现场

复习思考题

一、单项选择题

1. 高速公路平面控制测量采用(   )。
   A. 四等三角、导线   B. 三级导线
   C. 一级小三角、导线   D. 二级小三角、导线

2. 高速公路、一级公路的中桩测量应采用(   )。
   A. 极坐标法   B. 链距法
   C. 支距法   D. 偏角法

3. 高速公路、一级公路和填方高度小于(   )的其他等级公路,应将路基范围内的树根全部挖除并将坑穴填平夯实。
   A. 1.0m   B. 1.8m   C. 2.5m   D. 3.0m

二、多项选择题

1. 路基的基本类型有(   )。
   A. 挖方路基   B. 填方路基
   C. 半填半挖路基   D. 不填不挖路基
   E. 填石路基

2. 施工测量包括(   )。
   A. 导线复测   B. 中线复测
   C. 水准点复测   D. 横断面检查与补测
   E. 增加水准点

3. 高速公路、一级公路横断面测量可采用(   )。

A. 水准仪—皮尺法   B. 横断面仪法
C. 全站仪法   D. 经纬仪视距法
E. 手水准皮尺法

三、简答题

1. 路基施工准备工作包括哪些内容？并作简要说明。

2. 施工时，如何进行路基放样？

3. 施工现场需做的准备工作包含哪些内容？

学习情境二 一般路基施工

路基是支承路面的土工构筑物。在挖方地段,路基是开挖天然地层形成的路堑;在填方地段,路基则是用压实的土石填筑而成的路堤。由于路基在使用过程中要承受由路面传递而来的行车荷载的作用,并要抵御各种环境因素的影响,因此要求路基必须具备足够的强度、良好的水稳定性和耐久性。所谓路基施工,就是以设计文件和施工规范为依据,以工程质量为中心,有组织、有计划地将设计图纸转化为工程实体的建筑活动。

工作任务一 填料的选择

🔧 学习目标

1. 了解路基填料的来源;
2. 掌握土质填料可用性的判断方法;
3. 掌握石质填料可用性的判断方法。

🔧 任务描述

利用某在建公路的路基施工案例、多媒体教学资源,通过教师讲解,使同学们掌握路基土质、石质填料的可用性判断方法。

🔧 学习引导

本工作任务沿着以下脉络进行学习:

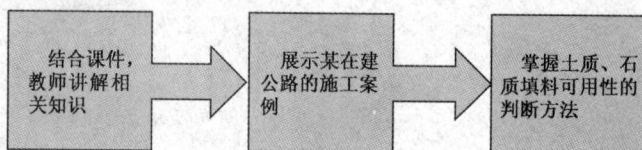

结合课件,教师讲解相关知识 ➡ 展示某在建公路的施工案例 ➡ 掌握土质、石质填料可用性的判断方法

🔧 相关知识

路堤由外材料填筑而成,填前的填料选择、基底状况、填筑方式等因素均影响路堤质量,因此,路基施工中必须对这些问题给予足够的重视。

1. 填料的来源(图2-1-1)

路基在填筑前,应对照设计文件,现场调查填料的来源、类型、可供开采的数量、上路桩号,并对填料进行试验,以判断填料的可用性。据此还可确定路基采用填土、填石还是土石混填,以及填料所用于的压实区域和填筑的厚度。

2. 填料可用性判断

1)土质填料可用性判断

一旦确定采用土质填料后,通常应进行表2-1-1所示试验项目。

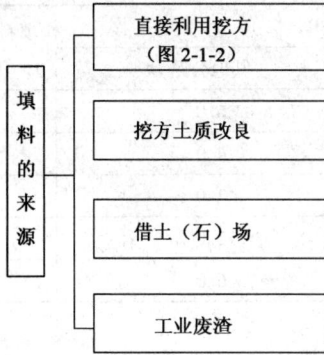

图 2-1-1 填料的来源

图 2-1-2 直接利用挖方

土质填料主要试验项目

表 2-1-1

序号	主要试验项目	序号	主要试验项目
1	液限、塑限、塑性指数、天然稠度或液性指数试验	4	土的标准击实试验
2	颗粒大小分析试验	5	土的强度试验(CBR 值)
3	含水率试验		

根据试验结果,土样是否可用于填筑,一般采用表 2-1-2 所示方法进行判断。

土质填料可用性判断方法

表 2-1-2

序号	判 断 方 法
1	液限是否大于 50%,塑性指数是否大于 26,若超过此值,不能直接作为填料
2	土体密度是否大于 1.6g/cm³,如小于此值,不能直接作为填料
3	CBR 值是否达到 3%、5%、8% 等填筑分区填料的要求

《公路路基施工技术规范》(JTG F10—2006)中对路基用土还有如表 2-1-3 所示的规定。

路基用土规定

表 2-1-3

序号	内 容
1	路堤填筑材料不得使用淤泥、沼泽土、冻土、有机土、含草皮土、生活垃圾、树根、含有腐朽物质的土。采用盐渍土、黄土、膨胀土填筑路堤时,应遵照有关规定执行
2	液限大于 50%、塑性指数大于 26 的土,以及含水率超过规定的土,不能直接作为路堤填料,需要应用时,必须采取满足设计要求的技术处理,经检查合格后方可使用
3	钢渣、粉煤灰等材料,可用作路堤填筑材料,其他工业废渣在使用前应进行有害物质的含量试验
4	捣碎后的种植土,可用于路堤边坡表层

各级公路的路基填筑材料的最小强度和最大粒径应符合表 2-1-4 所示要求。

路基填筑材料的最小强度和最大粒径的要求 表2-1-4

项目分类 （路面底面以下深度）		填料最小强度（CBR）（%）		填料最大粒径 （cm）
		高速公路及一级公路	其他公路	
路 堤	上路床(0~30cm)	8.0	6.0	10
	下路床(30~80cm)	5.0	4.0	10
	上路堤(80~150cm)	4.0	3.0	15
	下路堤(>150cm)	3.0	2.0	15
零填及路堑路床(0~30cm)		8.0	6.0	10

注：①其他公路做高级路面时，应按高速公路和一级公路的规定。

②表列强度按《公路土工试验规程》（JTG E40—2007）对试样浸水96h 的 CBR 试验方法测定。

③盐渍土、黄土及膨胀土的填料强度，分别按各自的规定办理。

2）石质填料可用性判断

根据《公路路基施工技术规范》（JTG F10—2006）的规定，填石路堤的填料应符合表2-1-5所示要求。

填石路堤填料的要求 表2-1-5

序号	内　　　容
1	石料的抗压强度不应小于15MPa
2	膨胀岩石、易溶性岩石不宜直接用于路堤填筑，强风化石料、崩解性岩石和盐化岩石不得直接用于路堤填筑
3	填料粒径应不大于500mm，且最大粒径不宜超过层厚的2/3
4	路床底面以下400mm 范围内，填料粒径应小于150mm
5	路床填料粒径应小于100mm

工作任务二　基底处理

✎ 学习目标

1．掌握伐树、挖根及表土处理的施工要点；

2．掌握路堤基底处理的施工要点；

3．掌握路堤基底压实度的规定。

✎ 任务描述

利用某在建公路的路基施工案例、多媒体教学资源，通过教师讲解，使同学们掌握路堤基底处理的方法。

✎ 学习引导

本工作任务沿着以下脉络进行学习：

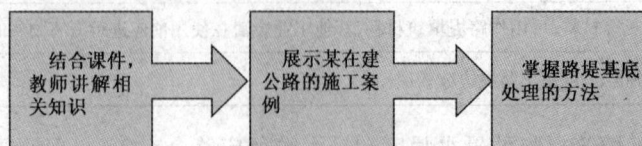

结合课件，教师讲解相关知识 ➡ 展示某在建公路的施工案例 ➡ 掌握路堤基底处理的方法

路堤是在天然地基上人为构筑的土体,一般利用当地的土、石作为填料,按一定方案在原地面上填筑起来的。基底是指路堤填料与原地面接触的部分。为使两者结合紧密,避免路堤沿基底发生滑动和防止因草皮、树根腐烂而引起路堤沉陷,保证路堤具有足够的强度和稳定性,必须视基底和填筑高度等情况,认真清除地表植被、杂物、淤泥和表土,处理坑塘,并对基底进行认真处理和压实,达到设计要求的压实度。

1. 伐树、挖根及表土处理的施工要点

路堤填筑时,如果不清除结合面的草木残株等有害于路堤稳定的杂物,路堤成形后,一旦杂物腐烂变质,地基将发生松软和不均匀沉降等现象,因此,必须在填筑之前做好伐树、挖根及表土处理工作。特别是填筑高度小于1m时,应注意将路基范围内的树根、草丛等全部挖除。

如基底的表土为腐殖土,则需将其表土清除换填。换填厚度视具体情况而定,一般不小于30cm,并予以分层压实,压实度应符合要求。伐树、挖根及表土处理工序如图2-2-1所示。

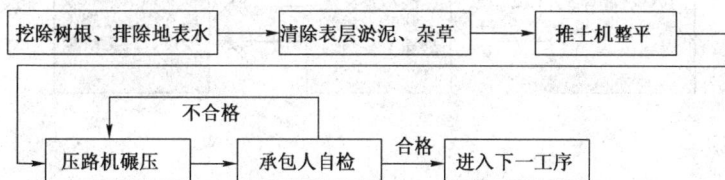

图 2-2-1 伐树、挖根及表土处理

2. 路堤基底处理的施工要点

(1)在稳定的斜坡上基底的处理应符合下列要求:

①地面横坡缓于1:5时,清除地表的草皮、腐殖土后,可直接在天然地面上修筑路堤。

②地面横坡为1:5~1:1.25时,在清除草皮杂物后,还应将原地面挖成台阶,台阶宽度不小于2m,高度不小于0.5m,台阶顶面做成向内倾斜3%~5%的斜坡。当基岩面上的覆盖层较薄时,宜先清除覆盖层再挖台阶;当覆盖层较厚且稳定时,可予以保留。

(2)路堤基底为耕地或松土时,应先清除有机土、种植土,平整后按规定要求压实。在深耕地段,必要时,应将松土翻挖,土块打碎,然后回填、整平、压实。

(3)路堤基底压实度应符合下列规定:

①二级及二级以上公路路段基底的压实度应不小于90%,三、四级公路应不小于85%。

②路基填土高度小于路面和路床总厚度时,应将地基表土进行超挖、分层回填压实,其处理深度应不小于重型汽车荷载作用下的路基工作区深度,基底的压实度不宜小于路床的压实度标准。

(4)原地面坑、洞、穴等,应在清除沉积物后,用合格填料分层回填分层压实,压实度符合第(3)条第①项的规定。

(5)对于有泉眼或露头地下水的路段,应采取有效的导排措施后方可填筑路堤。

(6)水稻田、湖塘地段,应视具体情况,采取排水、清淤、晾晒、换填、掺灰及其他加固措施进行处理。

(7)地下水位较高时,应按设计要求进行处理。

(8)陡坡地段、土石混填地基、填挖界面、高填方地基等都应按设计要求进行处理。

工作任务三 土质路堤填筑

学习目标

1. 了解土质路堤的概念；
2. 掌握土质路堤施工程序及施工要点；
3. 掌握土质路堤施工质量标准。

任务描述

利用某在建公路的路基施工案例、多媒体教学资源，通过教师讲解，使同学们掌握土质路堤施工程序及施工要点、施工质量标准。

学习引导

本工作任务沿着以下脉络进行学习：

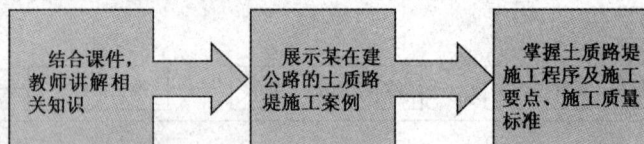

相关知识

1. 土质路堤施工程序

路堤施工是一种以工序管理为中心，以工序质量保工程质量、以工作质量保工序质量的全面质量管理行为。

一般说来，路基填筑施工工艺应划分为三阶段、四区段、八流程，具体内容见表2-3-1。

土质路堤施工程序   表2-3-1

三阶段	施工准备阶段、施工阶段、整修验收阶段
四区段	填筑区、平整区、碾压区、检测区
八流程	施工准备阶段、基底处理、分层填筑、摊铺整平、洒水晾晒、碾压夯实、检验签证、路基整修

各区段或各流程只允许进行该段和该流程的作业，不允许几种作业交叉进行。每个区段的作业长度应根据机械的能力和数量来确定。为保证机械有足够的作业场地，每个区段长度均不得少于40m。

路基填筑施工工艺流程图如图2-3-1所示。

图2-3-1 路基填筑施工工艺流程图

20

2.施工步骤

1)施工准备阶段

测量放线,熟悉设计文件,组织技术人员学习施工技术规范,编制施工组织设计,做有关土工试验,准备检测设备。

2)基底处理

基底处理应根据施工时的实际条件,按照设计文件和工作任务二叙述的处理方法进行处理。

3)分层填筑

(1)填筑方法:采用横断面全宽、纵向水平分层填筑的方法。当原地面高低不平时,应从最低处分层填筑,且由两边向中心填筑。为保证全断面的压实度一致,确保边坡质量,边坡两侧应各超宽填筑0.5~1.0m,竣工时刷坡整平。

(2)填筑程序:

①打网格。根据自卸车容量和堆土间距,将路堤划分为若干网格(图2-3-2)。

②路堤上料。根据松铺厚度和网格面积,计算上料数量,将土按梅花形均匀堆放在网格中(图2-3-3、图2-3-4)。

③用不同填料填筑路堤时,各种填料不得混杂填筑。

图2-3-2 卸料网格

图2-3-3 运输填料

4)摊铺整平

填筑区段完成一层卸土后,先用推土机进行初平(图2-3-5),再用平地机进行终平(图2-3-6),做到填铺面在纵向和横向平顺、均匀,控制层面无显著的凹凸。

图2-3-4 路堤上料

图2-3-5 推土机进行初平

5）洒水晾晒

当填料含水率较低时，应及时采取洒水措施，使其含水率接近最佳含水率；当填料含水率过大时，应将填料运至路堤上进行翻挖晾晒，使其含水率接近最佳含水率。

6）碾压夯实（图2-3-7）

图2-3-6 平地机进行终平

图2-3-7 碾压

（1）碾压前，应向有关人员进行技术交底，其内容包括碾压范围、碾压遍数、碾压速度等。

（2）碾压方法：实践经验证明，土基压实时，在机具类型、碾压遍数、填筑厚度已经选定的条件下，操作时宜先轻后重，先慢后快，先边缘后中间（超高路段等需要时，则先内侧后外侧，先低后高）；前后两次的轮迹应重合1/3，保持压实均匀，不漏压；对于压不到的边角，应辅以小型机具夯实。

（3）土质路基压实度应符合表2-3-2的规定。

土质路基压实度标准   表2-3-2

填 挖 类 型		路床顶面以下深度（m）	压实度(%)		
			高速公路、一级公路	二级公路	三、四级公路
路堤	上路床	0~0.30	≥96	≥95	≥94
	下路床	0.30~0.80	≥96	≥95	≥94
	上路堤	0.80~1.50	≥94	≥94	≥93
	下路堤	>1.50	≥93	≥92	≥90
零填及挖方路基		0~0.30	≥96	≥95	≥94
		0.30~0.80	≥96	≥95	

（4）压实度的检测应符合以下规定：

①用灌砂法检测压实度时，取土样的底面位置为每一压实层底部；用环刀法试验时，环刀中部处于压实层厚的1/2深度；用核子仪试验时，应根据其类型，按说明书要求办理。

②施工过程中，每一压实层均应检测压实度（图2-3-8），检测频率为1 000m² 至少检测2点，不足1 000m² 时检测2点，必要时可根据需要增加检测点。

7）检验签证

图2-3-8 压实度现场检测

路基填土的检测应遵循分层填筑、分层压实、分层检测的原则,在压实度、填筑厚度、平整度、宽度、横坡达到规定要求后,予以签证,方能进行下一层填筑。

8)路基整修

(1)路堤按设计高程填筑完成后,应进行测量和整平,恢复中桩和边桩(图2-3-9),进行纵断高程测量,修筑路拱。

(2)依据边桩,结合设计坡率刷去超填部分边坡,进行整修拍实,整修后的边坡应达到平直、顺适(图2-3-10)。

图2-3-9 恢复中桩和边桩

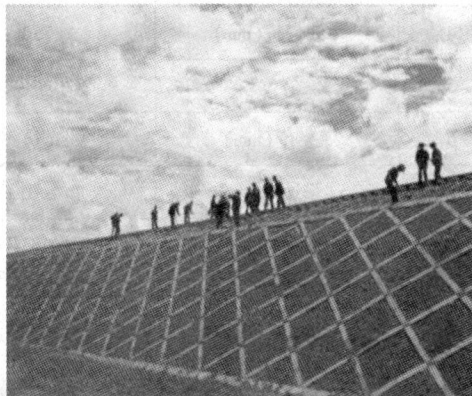

图2-3-10 边坡整修

3.施工要点

土质路堤填筑应符合表2-3-3所示施工要点。

土质路堤填筑施工要点

表2-3-3

项目	施工要点内容
施工方法	1.分层填筑、分层碾压、分层检测
	2.同一水平层路基的全宽,应采用同一种填料,不得混合填筑
	3.每种填料的填筑层压实后的连续厚度不宜小于500mm
	4.潮湿或冻融敏感性较小的填料应填筑在上层,强度较小的填料应填筑在下层。在有地下水的路段或临水路基地段,宜填筑透水性好的填料
	5.在透水性不好的压实层上填筑透水性好的填料前,应在其表面设2%~4%的双向横坡,并采取相应的防水措施
松铺厚度	每种填料的松铺厚度应通过试验段确定。高速公路、一级公路的分层最大松铺厚度一般不宜超过30cm
几何尺寸	每一填筑层压实后的宽度不得小于设计宽度
接头处理	填方分几个作业段施工时,接头部位如不能交替填筑,则先填路段按1:1分层留台阶;如能交替填筑,则应分层相互交替搭接,搭接长度不小于2m

4.土质路堤施工质量标准

路堤填筑至设计高程并整修完成后,其施工质量应符合表2-3-4所示质量标准。弯沉检测见图2-3-11。

项次	检查项目	规定值或偏差		
		高速、一级公路	二级公路	三、四级公路
1	压实度	符合规定	符合规定	符合规定
2	弯沉	不大于设计值	不大于设计值	不大于设计值
3	纵断高程(mm)	+10，-15	+10，-20	+10，-20
4	中线偏位(mm)	50	100	100
5	宽度	不小于设计值	不小于设计值	不小于设计值
6	平整度(mm)	15	20	20
7	横坡(%)	±0.3	±0.5	±0.3
8	边坡坡度	不陡于设计坡度	不陡于设计坡度	不陡于设计坡度

图 2-3-11　弯沉检测

工作任务四　填石路堤施工

🖋 **学习目标**

1. 了解填石路堤的概念；

2. 掌握填石路堤施工程序及施工要点；

3. 掌握填石路堤施工质量标准。

🖋 **任务描述**

利用某在建公路的路基施工案例、多媒体教学资源，通过教师讲解，使同学们掌握填石路堤施工程序及施工要点、施工质量标准。

🖋 **学习引导**

本工作任务沿着以下脉络进行学习：

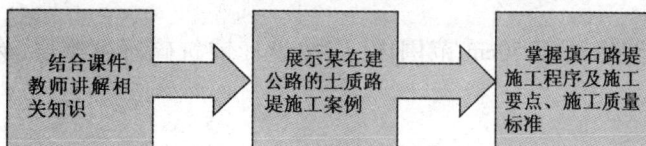

相关知识

1. 概念

用粒径大于37.5mm且含量超过总质量70%的石料填筑的路堤为填石路堤。

2. 施工特点

填石路堤是利用开采的石料填筑路堤,它与填土路堤不同,主要是石料粒径大,强度高,填筑和压实都有特殊要求。

3. 施工流程图

填石路堤施工流程见图2-4-1。

1)施工准备

首先进行测量放样,恢复中桩和边桩。清除填方范围内的草皮、树根、淤泥,并整平压实,压实度不低于85%。

2)边坡码砌

在填石路堤填筑前,要进行边坡码砌。码砌的石料粒径应大于30cm,且石质坚硬。石料尽量规则,石料之间应尽量紧贴、密实,无明显空洞、松动现象。

3)运料与摊铺

在石质填料装运时,尽量使填料均匀,避免大粒径填料过分集中。卸料按水平分层,先低后高,先两侧后中间的原则进行。填石路堤的堆料和摊铺同时进行,由大功率的推土机向前摊铺。对大粒径的石块,要进行人工摆平,石块应贴紧底面,且大面朝下。同一位置,大粒径的石块不能重叠堆放。对细料明显少的段落,应撒铺石屑料,石屑料应占粗集料的15%~20%,要保证石屑料填满石块间的缝隙。

4)压实填料

对于填石路堤(图2-4-2),由于粒料间没有黏聚力,主要靠粒料之间相互嵌锁、紧密咬合。所以,填石路堤要采用大吨位的振动式压路机。在施工中采用18t以上的振动式压路机。操作要求是:先静压一遍,再振压6~8遍,最后再静压一遍。碾压的顺序为先压两侧后压中间,每次重合轮迹1/3。对于有明显空洞、孔隙的地方,补充细料后再碾压。

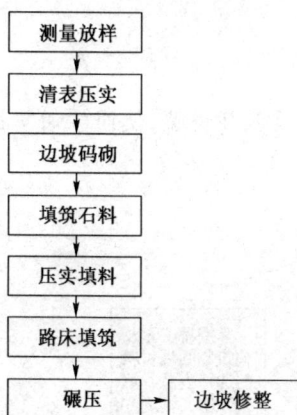

图2-4-1 填石路堤施工流程图

图2-4-2 填石路堤

5）路床填筑

填石路堤在距路床顶面 50cm 范围内，应按设计铺筑碎石过渡层，然后再进行路床的填筑。

4. 施工要点

填石路堤的施工要点见表 2-4-1。

填石路堤施工要点 表 2-4-1

序号	施 工 要 点
施工方法	1. 分层填筑、分层碾压、分层检测
	2. 岩性相差大的填料，应分层后分段填筑
	3. 严禁将软质石料与硬质石料混合填筑
	4. 边坡码砌宜与路基填筑同步进行
	5. 应使用重型压路机分层压实，压实时不断使用小石块、石屑填缝，直到压实层顶面稳定、不再下沉且无轮迹、石块紧密、表面平整为止
松铺厚度	每种填料的松铺厚度，应通过试验段确定。高速公路、一级公路的分层最大松铺厚度一般不宜超过 50cm，其他公路不宜大于 1.0m
几何尺寸	每一填筑层压实后的宽度不得小于设计宽度

5. 质量控制

填石路堤的施工质量控制，主要由施工工序配合质量检测进行。在各个施工工序中，对填料的最大粒径、压实厚度、碾压遍数、压实沉降差等，必须严格控制。

同时，填石路堤成型后的外观质量应达到：路堤表面无明显孔洞，用铁锹挖动困难；边坡码砌紧贴、密实，无明显孔洞、松动，砌块间承接面向内倾斜，坡面平顺。

工作任务五　桥、涵及构筑物的回填

学习目标

1. 掌握填料的选择方法；
2. 掌握填筑范围的确定；
3. 掌握填筑方法。

任务描述

利用某在建公路的路基施工案例、多媒体教学资源，通过教师讲解，使同学们掌握桥、涵及构筑物回填的材料选择方法、填筑范围的确定、填筑方法。

学习引导

本工作任务沿着以下脉络进行学习：

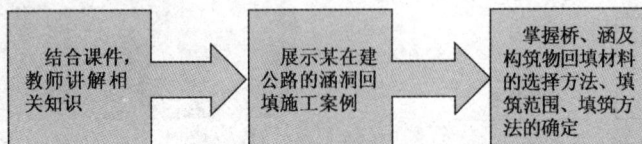

结合课件，教师讲解相关知识 → 展示某在建公路的涵洞回填施工案例 → 掌握桥、涵及构筑物回填材料的选择方法、填筑范围、填筑方法的确定

相关知识

构造物台背回填质量直接影响到路面质量,填筑不好会出现沉降差,发生跳车现象,影响行车速度、舒适与安全,甚至会影响构筑物的稳定,出现交通堵塞现象。解决这一难题的关键是选择适当的填料及填筑方法。

(1)填料:应选择渗水性较强的砂石料,从路基底一直填到结构顶。涵洞填到盖板顶,桥梁填到桥头搭板底,挡土墙内侧填到路基底基层底面。

(2)填筑范围:桥梁台背后上部距翼墙尾端顺路线方向至少为台高加2m,下部距基础内缘至少为2m;涵洞两侧不小于孔径的2倍;挡土墙内侧宜为50~80cm宽。

(3)填筑方法:路堤土填筑完成以后,检查结合部位的压实度是否合格,然后挖成台阶,台阶高度小于30cm,长度大于50cm,分层填筑,分层压实。压实机具采用小型压路机或打夯机。

(4)填土时应从构造物两侧均衡填筑,避免对构筑物形成楔形压力。

当构筑物混凝土强度至少达到设计强度的70%时再进行填筑。填筑高度应至少高出构筑物50cm,才可以从构造物上部通过车辆。

涵洞台背填筑见图2-5-1。

图2-5-1 涵洞台背填筑

工作任务六 高填方路堤

学习目标

1.了解高填方路堤的概念;

2.掌握施工中应解决的问题。

任务描述

利用某在建公路的路基施工案例、多媒体教学资源,通过教师讲解,使同学们掌握高路堤填方与一般路堤填方施工方法的区别。

学习引导

本工作任务沿着以下脉络进行学习:

```
┌──────────────┐      ┌──────────────┐      ┌──────────────┐
│ 结合课件,     │ ───▶ │ 展示某在建     │ ───▶ │ 掌握高填方路   │
│ 教师讲解相     │      │ 公路的高填方   │      │ 堤与一般填方路 │
│ 关知识        │      │ 路堤施工案例   │      │ 堤施工方法的区 │
│              │      │              │      │ 别           │
└──────────────┘      └──────────────┘      └──────────────┘
```

✎ **相关知识**

高填方路堤是指填方高度大于 20m 的路堤（图 2-6-1）。

高填方路堤施工时应着重解决的 4 个问题见表 2-6-1。

高路堤施工应着重解决的 4 个问题 表 2-6-1

问题	解决方法
施工进度问题	由于采用的施工方法是分层填筑、分层压实、分层检测,工期随填筑高度的增加而增加;因此,高填方路堤宜优先安排施工
工后沉降问题	1. 注意地基承载力检测,如与设计文件不符时,及时采取加固措施 2. 采取冲击碾压的措施
路堤宽度问题	留足施工作业宽度,保证路基设计的边坡坡率,并进行动态监控
填料问题	优先采用强度高、水稳性好的材料,或采用轻质材料

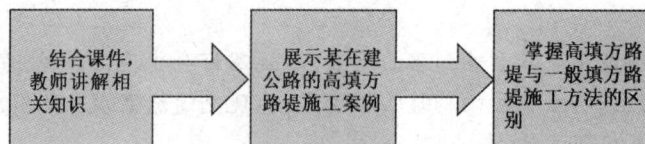

图 2-6-1　高填方路堤

工作任务七　路基压实

✎ **学习目标**

1. 掌握路基压实的原理;
2. 掌握施工中应解决的问题。

✎ **任务描述**

利用某在建公路的路基施工案例、多媒体教学资源,通过教师讲解,使同学们掌握路基压实的原理。

✎ **学习引导**

本工作任务沿着以下脉络进行学习:

🖌 **相关知识**

路基压实是保证路基质量的重要环节,路堤、路堑和路堤基底均应进行压实,且技术等级越高的公路,对路基的压实要求越严格。

路基压实的作用是提高填料的密实度,减小孔隙率,增强填料颗粒之间的接触面,增大凝聚力或嵌挤力,提高内摩阻力,减小形变,为路基的正常工作提供良好的基础。

1.土质路基的压实

土质路基的压实过程,其本质上是土体在压力作用下,克服土颗粒间的内聚力和摩擦力,使原有结构受到破坏,固体颗粒重新排列,大颗粒之间的间隙被小颗粒所填充,变成密实状态,达到新的平衡。在施工作业中,表现为土的体积被压缩,而达到一定程度后,这个过程不再持续,这是因为在颗粒重新排列后,土中气体被挤出,由快变缓,最终趋于结束,这时,作用于土体的压力只能引起弹性变形,而压力过大时,则可能使土体产生剪切破坏,影响土体强度。

路基压实状况通常用压实度来表征。这里应注意的是,压实度与另一个概念——密实度容易产生概念上的混淆。密实度亦称理论密实度,是指单位体积内固体颗粒排列的紧密程度,即土的固体体积率越大,土的干密度也越大,所以,有时也用干密度来表示土的密实度。但在物理意义上是有区别的。压实度是指土压实后的干密度与标准的最大干密度之比,用百分率表示,亦称干密度系数,或相对密实度。所谓标准的最大干密度,是指用标准击实试验方法,在最佳含水率条件下得到的干密度。

1)影响压实效果的主要因素

影响路基压实效果的因素是多方面的,有内因也有外因,但与施工作业有关的主要因素有以下几点。

(1)土的含水率

压实开始时,原状土相对湿度低,土颗粒之间的内摩阻力大,因而外力难以克服,故压实的干密度小,表现出土的强度高、密度低;当相对湿度缓侵增加时,水分在土粒间起润滑作用,压实的结果使被压材料(土粒)得以重新调整其排列位置,达到较紧密的程度,表现出密度增大,但与此同时,由于水的作用,内摩阻力有所减小,因而强度继续下降;当含水率继续增加,超过压实曲线顶点的最优值时,水的润滑作用已经足够,水分过多,使起润滑作用以外的多余水分进入土粒孔隙中,反而促使土粒分离而不易得到良好的压实效果,从而降低了土的干密度;又由于土粒间距增大,内摩阻力与黏结力减小,使土的强度也随之减小,在压实曲线中出现驼峰形式。这就是说,在一定功能的压实作用下,含水率的变化会导致土的干密度随之变化,在某一含水率(最佳含水率)下,干密度达到最大值(最大干密度)。各种土的最佳含水率大小不同,一般来说,土在天然状态下的含水率值很接近于最佳含水率,因此在施工作业中,新卸堆土应当立即推平压实。

(2)土的性质

不同土质的压实性能差别较大,一般来说,非黏性土的压实效果较好,而且最佳含水率较小、最大干密度较大,在静力作用下,压缩性较小,在动力作用下,特别是在振动作用下很容易被压实。黏质土、粉质土等分散性土的压实效果较差,主要是由于这些细分散性的土颗粒的比表面积大、黏聚力大,土粒表面水膜需水量大,最佳含水率偏高,而最大干密度反而偏小。

(3)压实功能。

压实功能是由碾压(或锤击)的次数及其单位压力(或荷重)所决定的,若在一定限度内增加压实功能,则可降低含水率数值,提高最佳密实度的数值。

土在不同压实功能作用下的压实性质是决定压实工作量和选择机具、选择施工方法的依据。事实上,对任何一种土,当密实度超过某一限值时,欲继续提高它的密实度,降低含水率值,往往需要增加很大的压实功能。而过分加大压实功能,不仅密实度增加幅度小,还往往因所加荷载超过土的抵抗力,即土受压部位承受压力超过土的极限强度,从而导致土体破坏。因此,对路基填土的压实,在工艺方法上要注意不使压实功能太大。

(4)碾压时的温度。

在路基碾压过程中,温度升高可使被压土中水的黏滞度降低,从而在土粒间起润滑作用,易于压实,但气温过高时,又会由于水分蒸发太快而不利于压实。温度低于 0℃ 时,因部分水结冰,产生的阻力更大,起润滑作用的水更少,因而也得不到理想的压实效果。

(5)压实土层的厚度。

土受压时,能够以均匀变形的深度(即有效压实深度)近似地等于 2 倍的压模直径或 2 倍的压模与土接触表面的最小横向尺寸;超过这个范围,土受到的压力急剧变小,并逐渐趋于零,可认为此时土的密实度没有变化。如钢筒式压路机碾压土时沿垂直方向的压力分布(此时轮子与土的接触面是一个宽度很小的矩形,其宽度可视为压模的最小横向尺寸),当深度大于最小横向尺寸时,传至此处的压力已经很小,不起压实作用。

由此可知,土所受的外力作用随深度增加而逐渐减弱,当超过一定范围时,土的密实度将与未碾压时相同,这个有效的压实深度(产生均匀变形的深度)与土质、含水率、压实机械的构造特征等因素有关,所以正确控制碾压铺层厚度,对于提高压实机械生产率和填筑路基质量十分重要。

(6)地基或下承层强度。

在填筑路堤时,若地基没有足够的强度,路堤的第一层难以达到较高的压实度,即使采用重型压路机或增加碾压遍数,也只能是事倍功半,甚至使碾压土层起"弹簧"。因此,对于地基或下承层强度不足的情况,填筑路堤时通常采取以下措施处理:

①填筑路堤之前,应先碾压地基;

②若地基有软弱层,则应用砂砾(碎石)层处理地基;

③路堑处路槽的碾压,先应铲除 30~40cm 原状土层并碾压地基后,再分层填筑压实。

(7)压实机具和碾压方法。

压实机具和碾压方法对压实效果的影响反映在以下几个方面。

①压实机具不同,压力传布的有效深度也不同。一般来说,夯击式机具的压力传布最深,振动式次之,碾压式最浅。根据这一特性即可确定各种机具的最佳压实度。

然而,同一种机具的压实作用深度在压实过程中并不是固定不变的。如钢筒式压路机,开始碾压时,因土体松软,压力传布较深,但随着碾压次数的增加,上部土层逐渐密实,土的强度相应提高,其作用深度就逐渐减小了。

②压实机具的质量较小时,碾压遍数越多(即时间越长),土的密实度越高,但密实度的增长速度则随碾压遍数的增加而减小。并且密实度的增长有一个限度,达到这个限度后,继续以

原来的施压机具对土体增加压实遍数则只能引起弹性变形,而不能进一步提高密实度(从工程实践来看,一般碾压遍数在小于或等于6遍时,密实度增大明显,6～10遍增长较慢,10遍以后稍有增长,20遍后基本不增长)。压实机具较重时,土的密实度随碾压遍数增加而迅速增加,但超过某一极限后,土的变形急剧增加而达到破坏,机具过重以至超过土的强度极限时,将引起土体的破坏。

2)压实标准与碾压控制

(1)压实标准。

压实标准包括两个方面:一是确定标准干密度的方法;二是要求的压实度。

关于标准干密度的确定方法,过去沿用的"标准击实试验"是一种轻型击实方法,其试验结果与现代化施工机械能力和车辆载荷不相适应,目前推行的主要是与国外公路压实要求相同的重型击实试验法。

土的最大干密度是土压实的主要指标,与路基的强度和稳定性有密切的关系,一般作为压实质量评价的依据。在路基压实施工中,由于受各种因素的影响和限制(气候、土的天然含水率等),所施工路基的实际干密度不能达到室内重型击实试验求得的最大干密度。但是为了保证压实质量的基本要求,必须规定压实后土基压实度范围。

(2)路基压实工作的控制与检验。

①确定不同种类填土的最大干密度和最佳含水率。

公路系带状构造物,一条公路往往连绵数十千米甚至上千千米。用于填方路基的沿线土石材料的性质往往发生较大变化。在路基填筑施工之前,必须对主要取土场(包括挖方利用方)采取代表性土样,进行土工试验,用规范规定的方法求得各个土场土样的最大干密度和最佳含水率,以便指导路基的压实施工。

②检查控制填土含水率。

由于含水率是影响路基土压实效果的主要因素,故需检测欲填入路基中的土的含水率,只有当含水率接近最佳含水率时,填筑碾压的质量才有保证。

(3)正确选择和使用压实机械。

①压实机械的选择。

压实机械的类型和数量选择是否恰当,直接关系到压实质量和工效。选择时应综合考虑以下几点。

a.土的性质、状态。不同的压实机械对不同土质的压实效果不同。如对砂性土,以振动式机械效果最好,夯击式次之,碾压式较差;对黏性土,以碾压式和夯击式较好,而振动式较差甚至无效。压实机械的单位压力不应超过土的强度极限,否则会立即引起土基破坏。选择机械时,还应考虑土的状态及对压实度的要求。一般来说,土的含水率小、压实度要求高时,应选择重型机械;反之,可选轻型机械。

b.压实工作面。当工作面较大时,可采用碾压机械;较狭窄时,宜用夯实机械。

c.机械的技术特性与生产率。选择机械类型、确定机械数量时,应考虑与其他工序的配合,使机械的生产能力互相适应。

②注意事项。

为了能以尽可能小的压实功获得良好的压实效果,在压实机械的使用上应注意以下两点。

a.压实机械应先轻后重,以便能适应逐渐增长的土基强度。

b.碾压速度宜先慢后快,以免松土被机械推走,形成不适宜的结构,影响压实质量,尤其是黏性土,高速碾压时压实效果明显下降。通常压路机进行路基压实作业时,行驶速度在 4km/h 以内为宜。

此外,在路基土的压实中,除了运用不同性能的各种专用压实机械外,还应特别注意尽可能利用其他土方施工机械和运输车辆进行分层压实,有计划、有组织地利用运土车辆碾压填方土料。施工中要注意采用合理的技术措施,一般应控制填土厚度为 0.25 ~ 0.30m,并用推土机或平地机细致平土,控制合适的含水率;同时,还要在机械的运行线路上使各次行程能大体均匀地分布到填土土层表面,保证土层表面全部被压到。

(4)分层填筑、分层碾压。

①分层填筑。一方面要把握每层填土厚度的大小。填土层厚度过大,其深部不能获得要求的压实度;填土层厚度过小,会影响工作效率和经济效益。一般认为,对于细粒土,用 12 ~ 15t 光轮压路机时,压实厚度不得超过 25cm;用 22 ~ 25t 振动压路机时(包括液压振动),压实厚度不超过 60cm。另一方面,每层填土应平整,且自中线向两边设置 2% ~ 4% 的横向坡度,并及时碾压,雨季施工时更应注意。

②分层碾压。碾压前应对填土层的松铺厚度、平整度和含水率进行检查,符合要求后方可进行碾压。分层碾压的关键是控制碾压遍数,有条件的情况下,可通过试验性施工来确定达到设计密实度所需的碾压遍数。

在施工中,当含水率为最佳含水率时,还可采用下列经验值:对低黏性土,压实所需的碾压遍数平均为 4 ~ 6 遍;对黏性土,压实所需的碾压遍数平均为 10 ~ 12 遍。

一般压实遍数宜控制在 10 遍以内;否则,应考虑减少填土层厚。经压实度检验合格后方可转入下道工序。不合格处应进行补压后再检验,一直达到合格为止。

(5)加强质量检查。

①填方地段基底。路堤填筑前应对基底进行压实。高速公路、一级公路和二级公路路堤基底的压实度不应小于 85%,当路堤填土高度小于路床厚度(80cm)时,基底的压实度不宜小于路床的压实标准。

②路堤。每一压实层均应检验压实度,合格后方可填筑其上一层;否则,应查明原因,采取措施进行补压。检验频率为每 2 000m² 检验 8 点,不足 2 000m² 时,至少应检验 8 点,必要时可根据需要增加检验点,每点都必须符合规定值。

路床顶面压实完成后,还应根据《公路路基设计规范》(JTG D30—2004)进行弯沉值检验。

③路堑路床。零填及路堑路床的压实应符合其压实标准的规定。换填超过 3m 时,按 90% 的压实标准控制。

④桥涵处填土。桥台背后、涵洞两侧与顶部、锥坡背后的填土均应分层压实,分层检查,检查频率为每 50m³ 检验 1 点,不足 50m³ 时至少检验 1 点,每点都应合格,每一压实层松铺厚度不宜超过 20cm。高速公路和一级公路的桥台、涵身背后和涵洞顶部的填土压实度,从填土基底或涵洞顶部至路床顶面均为 95%,其他公路为 93%,以确保不因密实度不足而产生错台,影响行车速度与安全。

桥涵处填土的压实采用小型的手扶振动夯或手扶振动压路机,但涵顶填土 50cm 内应采用轻型静载压路机压实,以达到规定的压实度为准。

2. 填石路堤、土石混填路堤及高填方路提的压实

1)填石路堤

（1）压实标准。

填石路堤不能用土质路基的压实度来判定路基的密实程度，其判定方法目前国内外尚无统一规定。国外填石路堤曾采用在振动压路机驾驶台上装设压实计反映的计数值来判定是否达到要求的紧密程度，但无定量值的规定，且只限于设有此种装置的压路机。我国现行《公路路基施工技术规范》（JTG F10—2006）规定的压实标准为：在规定深度范围内，以在12t以上振动压路机压实，当压实层顶面稳定，不再下沉（无轮迹）时，可判为达到密实状态。

（2）压实方法及检查。

填石路堤在压实之前，应用大型推土机摊铺平整。个别不平处应用人工配合以细石屑找平，使石块之间无明显高差台阶才便于压路机碾压，或使夯锤下坠到地面时，受力基本均匀，不致使夯锤倾倒。填石路堤填料石块本身是密实的，不能压缩，压实工作是使各石块间松散接触状态变为紧密咬合状态。由于石块块径较大，质量较大，必须选择工作质量在12t以上的重型振动压路机、工作质量在2.5t以上的夯锤或25t以上的轮胎压路机压实，才能达到规定的密实状态。

填石路堤应先压两侧后压中间，对于轮碾，其压实路线应纵向互相平行，反复碾压。夯锤的压实路线应呈弧形，当夯实密实程度达到要求后，再向后移动一夯锤位置。行与行之间应重叠40～50cm，前后相邻区段应重叠1.0～1.5m，其余注意事项与土质路基压实相同。

填石路堤使用各种压实机具时的注意事项与压实填土路基相同，而填石路堤压实到所要求的紧密程度所需的碾压或夯压的遍数应经过试验确定。采用重锤夯实时，当重锤下落而路堤不下沉，垂锤反而发生弹跳现象时，可进行压实度检验。

填石路堤顶面至路床顶面30～50cm（高速公路、一级公路为50cm，其他公路为30cm）范围内，应填筑符合路床要求的土，并按要求进行压实。

2）土石混填路堤

土石混填路堤的压实方法与技术要求，应根据混合料中巨粒土（粒径大于200mm的颗粒）的含量多少确定。当混合料中巨粒土含量大于70%时，其压实作业接近于填石路堤，应按填石路堤的方法和要求进行。当混合料中巨粒土的含量低于50%时，其压实作业接近于填土路堤，应按前述填土路堤的方法和要求进行。

土石路堤的压实度可采用灌砂法或水袋法检测。其标准干密度应根据每一种填料不同含石量的最大干密度作出标准干密度曲线，然后根据从试坑中挖取试样的含石量，从标准干密度曲线上查出对应的标准干密度。当采用灌砂法或水袋法检验有困难时，可根据填石路堤的方法进行检验，即通过12t以上振动压路机压实试验，当压实层顶面稳定，不再下沉（无轮迹）时，可判定为密实状态。

如果是几种填料混合填筑，则应从试坑挖取的试样中计算各种填料的比例，利用混合料中几种填料的标准干密度曲线查得对应的标准干密度，用加权平均的方法计算所挖试坑的标准干密度。

3）高填方路堤

高填方路堤的基底承受路堤土本身的荷载很大，因此对基底应进行场地清理，并按照设计要求的基底承压强度进行压实。设计无要求时，基底的压实度不应小于90%。当地基松软仅依靠对厚土压实不能满足设计要求的承压强度时，应进行地基加固处理，以达到设计要求；当基底处于陡峻山坡上或谷底时，应作挖台阶处理，并严格分层填筑压实；当场地狭窄时，压实工作应采用小型手扶式振动压路机或振动夯进行；当场地较宽广时，应采用自行式12t以上的振动压路机碾压。

工作任务八　挖方路基施工

学习目标

1. 掌握土质路堑施工方法及施工要点；
2. 掌握石质路堑施工方法及施工要点；
3. 掌握深挖路基施工方法及施工要点。

任务描述

利用某在建公路的路基施工案例、多媒体教学资源，通过教师讲解，使同学们掌握挖方路基的施工方法及施工要点。

学习引导

本工作任务沿着以下脉络进行学习：

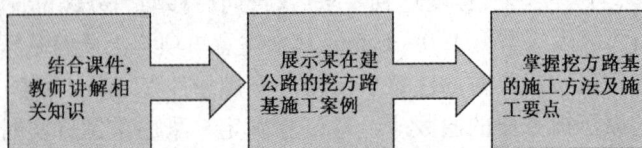

```
结合课件，       展示某在建       掌握挖方路基
教师讲解相  →   公路的挖方路  →  的施工方法及施
关知识          基施工案例       工要点
```

相关知识

1. 土方路堑施工

土质路堑施工，除需考虑地形条件采用的机械等因素外，还需考虑涂层的分布及利用。在路基开挖前，应做好现场伐树除根等清理工作和排水工作。如需移挖作填时，还应将表土单独掘除，以满足路堤填筑的要求。土质挖方路基的开挖方法根据挖方深度、纵向长度及现场施工条件，可用以横向挖掘法、纵向挖掘法和混合式挖掘法。

（1）横向挖掘法包括适用于挖掘浅且短的路堑的单层横向全宽挖掘法和适用于挖掘深且短的路堑的多层横向全宽挖掘法。

（2）纵向挖掘法具体方法有分层纵挖法、通道纵挖法、分段纵挖法（图2-8-1）。

（3）混合式挖掘法为多层横向全宽挖掘法和通道纵挖法混合使用（图2-8-2）。

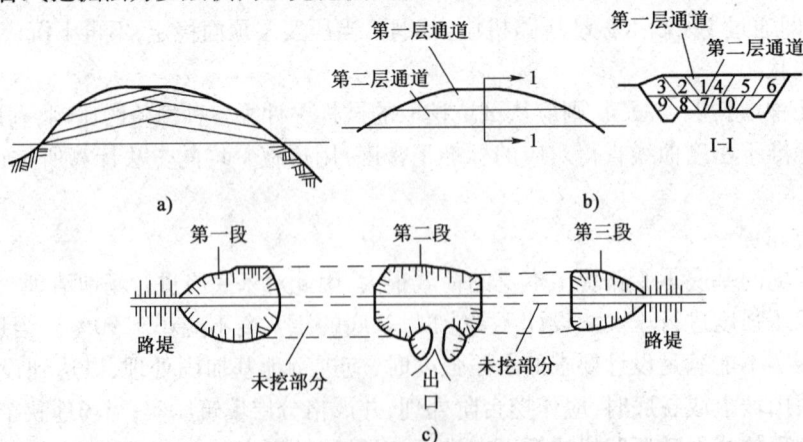

图 2-8-1　纵向挖掘法

a)分层纵挖法；b)通道纵挖法；c)分段纵挖法

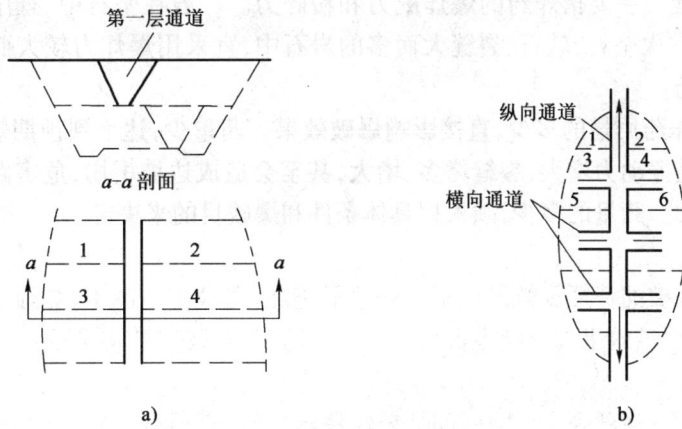

图图 2-8-2　混合式挖掘法

a)横面和平面;b)平面纵、横通道示意图

2. 土方路堑施工应注意的问题

1)土方开挖要求

（1）开挖前应对沿线土质进行检测。对可作为路基填料的土方,应分类开挖,分类使用;对非适用材料可作为弃方处理。

（2）土质路堑的边坡稳定极为重要。开挖时,不论工程数量和开挖深度大小,均应自上而下进行,不得乱挖超挖,严禁掏底开挖。

（3）路基开挖中,如需修改设计边坡坡度等时,应及时按规定报批。边坡上的孤石应保留。

（4）开挖过程中,应采取措施保证边坡稳定。开挖至边坡线前,应预留一定宽度,预留的宽度应保证刷坡过程中设计边坡线外的土层不受扰动。

（5）开挖至零填、路堑路床部分后,应尽快进行路床施工。

（6）挖方路基施工高程应考虑压实的下沉值。绝不能将路基的施工高程与路基的设计高程混同,造成超挖或少挖。下沉值应通过试验确定。

2)排水设施的开挖要求

水是造成路堑各种病害的主要原因,所以,施工期间应做好排水设施的修建。

（1）应采取临时排水设施,确保施工作业面不积水。

（2）边沟和截水沟应从下游向上游开挖。截水沟通过地面凹陷时,应将凹处填平夯实,然后开挖,防止不均匀沉陷和变形。

3)弃土处理

路堑挖出的土方,除利用外,多余的土方应按设计的弃土堆进行废弃,不得妨碍路基的排水和路堑边坡的稳定。同时,弃土尽可能用于改土造田,美化环境。

4)设置支挡工程

为了保证土质路堑边坡的稳定,应及时设置必要的支挡工程。开挖时,应自上而下,逐层进行,防止边坡塌方,在地质不良地段,应分段开挖,分段支挡。

3. 石质路堑施工技术

石方路堑开挖最有效的方法就是爆破,可以大大提高工效,缩短工期,节约劳动力,提高公路的运营质量。影响爆破效果的因素很多,主要有炸药的性能、地形、地质条件等。

1)炸药的性能和药包量

（1）炸药的性能。主要指炸药的爆炸威力和粉碎力。一般在坚石中，宜用粉碎性大的炸药，如 TNT 炸药。在次坚石、软石、裂缝大而多的岩石中，宜采用爆炸力较大而粉碎力较小的炸药，如硝铵类炸药。

（2）药包量。炸药用量的多少，直接影响爆破效果。药量少，达不到预期效果；药量多，不但浪费，还会使爆破振动力增大，裂缝增多、增大，甚至会造成边坡坍塌，危害路基边坡的稳定与施工的安全。因此，药量的多少，须根据具体条件和爆破目的来决定。

2）地形条件

地形不同，其爆破的特征及效果也不同。地形越陡，爆破方量越多，炸药用量就越省。炮眼的临空面数目对爆破效果的影响也很大。临空面越多，爆破效果就越好。

3）地质条件

当岩石的密度大、强度高、整体性好时，单位耗药量较高，但对爆破后的边坡稳定有利，适宜采用大爆破；反之，密度小，力学强度低，节理、层理发达时，单位耗药量低，不宜采用大爆破。

4）开挖方式

（1）钻爆开挖：是当前广泛采用的开挖施工方法（图 2-8-3），有薄层开挖、分层开挖（梯段开挖）、全断面一次开挖和特高梯段开挖等方式。

（2）直接应用机械开挖：不适于破碎坚硬岩石，没有钻爆作业。

5）石质路堑爆破施工方法

（1）常用爆破方法。

①光面爆破：在开挖限界的周边，适当排列一定间隔的炮孔，在有侧向临空面的情况下，用控制抵抗线和药量的方法进行爆破，使之形成一个光滑平整的边坡。

②预裂爆破：在开挖限界处按适当间隔排列炮孔，预先炸出一条裂缝，使拟爆体与山体分开，作为隔振减振带，起保护和减弱开挖限界以外山体或建筑物的地震破坏作用。

③微差爆破：两相邻药包或前后排药包以毫秒的时间间隔（一般为 15～75ms）依次起爆，称为微差爆破，亦称毫秒爆破。多发一次爆破最好采用毫秒雷管。多排孔微差爆破是浅孔深孔爆破发展的方向。

图 2-8-3　钻爆开挖

④定向爆破：在公路工程中用于以借为填或移挖作填地段，特别是在深挖高填相间、工程量大的鸡爪形地区，宜采用定向爆破。

⑤洞室爆破：为使爆破设计断面内的岩体大量抛掷（抛坍）出路基，减少爆破后的清方工作量，保证路基的稳定性，可根据地形和路基断面形式，采用抛掷爆破、定向爆破、松动爆破方法。抛掷爆破有以下三种形式。

平坦地形的抛掷爆破（亦称扬弃爆破）。自然地面坡角 $\alpha < 15°$，路基设计断面为拉沟路堑，石质大多是软石时，为使石方大量扬弃到路基两侧，通常采用稳定的加强抛掷爆破。

斜坡地形路堑的抛掷爆破。自然地面坡角 α 在 $15° \sim 50°$ 之间，岩石也较松软时，可采用抛掷爆破。

斜坡地形半路堑的抛坍爆破。自然地面坡度 $\alpha > 30°$，地形地质条件均较复杂，临空面大时，宜采用这种爆破方法。

（2）综合爆破施工技术。

综合爆破一般包括小炮和洞室两大类。小炮主要包括钢钎炮、深孔爆破等钻孔爆破；洞室炮主要包括药壶炮和猫洞炮。用药量 1t 以上为大炮，1t 以下为中小炮。

①钢钎炮通常指炮眼直径和深度分别小于 70mm 和 5m 的爆破方法。

a. 特点：炮眼浅，用药少，并全靠人工清除；不利于爆破能量的利用，工效较低。

b. 优点：比较灵活，适宜地形艰险及爆破量较小地段（如打水沟、开挖便道、基坑等），在综合爆破中是一种改造地形、为其他炮型服务的辅助炮型，因而又是一种不可缺少的炮型。

②深孔爆破是孔径大于 75mm、深度在 5m 以上、采用延长药包的一种爆破方法。

a. 特点：炮孔需用大型的潜孔凿岩机或穿孔机钻孔，是大量石方（1 万 m^3 以上）快速施工的发展方向之一。

b. 优点：劳动生产率高，施工进度快，爆破时比较安全。

③药壶炮是指在深 2.5 ~ 3.0m 及以上的炮眼底部用小量炸药经一次或多次烘膛，使眼底成葫芦形，将炸药集中装入药壶中进行爆破。

a. 特点：主要用于露天爆破。其使用条件是：岩石应在Ⅺ级以下，不含水分，阶梯高度 H 为 10 ~ 20m，自然地面坡度在 70°左右。

b. 优点：是小炮中最省工、省药的一种方法。

④猫洞炮系指炮洞直径为 0.2 ~ 0.5m，洞穴成水平或略有倾斜（台眼），深度小于 5m，用集中药包在炮洞中进行爆炸的一种方法。

a. 特点：充分利用岩体本身的崩塌作用，能用较浅的炮眼爆破较高的岩体。

b. 优点：在有裂缝的软石坚石中，阶梯高度大于 4m，药壶炮药壶不易形成时，采用这种爆破方法。

6）施工中应注意的问题

主要有三个方面，如表 2-8-1 所示。

施工中应注意的问题　　　　　　　　　　　表 2-8-1

项目	内　　容
施工方法	1. 深挖路基施工，应逐级开挖，逐级按设计要求进行防护
	2. 爆破作业必须符合《爆破安全规程》（GB 6722—2003）的规定
	3. 石方开挖严禁采用峒室爆破，靠近边坡部分宜采用光面爆破或预裂爆破
	4. 爆破法开挖石方，应先查明空中缆线、地下管线的位置，开挖边线外可能受爆破影响的建筑物结构类型、居民居住情况等，然后制订详细的爆破技术安全方案
边坡整修及检验	1. 挖方边坡应从开挖面往下分段整修边坡，每下挖 2 ~ 3m，宜对新开挖边坡刷坡，同时清除危石及松动石块
	2. 石质边坡不宜超挖
	3. 石质边坡质量要求：边坡上无松石、危石
路床清理及整修	1. 欠挖部分必须凿除。超挖部分应采用无机结合料稳定碎石或级配碎石填平碾压密实，严禁用细粒土找平
	2. 石质路床的边沟应与路床同步施工

7）爆破作业安全管理

（1）炸药和雷管等爆破材料应安全运送，妥善保管，专门设置炸药仓库，专人负责采购、运输、保管。

（2）严格按公安部《爆炸物品管理条例》的有关规定实施管理。严格执行领发手续，剩余材料退库保管。

（3）爆破作业人员持证上岗，严禁无证人员进行操作。

（4）规定放炮时间和信号，由专人负责指挥，起爆前应将全部人员和行人、牲畜等撤出危险区，同时对危险区内的房屋等采取安全保护措施。

（5）根据爆破的安全距离确定危险区。

（6）严禁掏挖哑炮。爆破后发现哑炮，应立即封闭现场，禁止一切无关人员进入，应由原施工人员参加处理。

（7）爆破后应进行现场清理，应特别注意边坡上方的浮岩、浮土的清理，防止落物伤人。清理时应自上而下用撬棍撬石块。

（8）在土方开挖地段，严禁先将底脚掏空，让上方的土自行坍落的所谓挖"神仙土"作业法。

图2-8-4为爆破警戒标示。

4. 深挖路基施工

挖方边坡高度等于或大于20m时称为深挖路基。深挖路基的施工方法与一般挖方路基的施工方法基本相同，这里仅就深挖路基中的一些特殊问题和要求作一些简介。

1）施工前的准备

（1）深挖路基由于它的边坡较高，易于坍塌，且工程量大，常是影响工期的关键工程。因此，在施工前准备工作的一个重要任务就是详细复查设计文件所确定的深挖路基地段的工程地质资料和深挖路基的边坡，并收集了解土石界限、工程等级、岩层风化厚度及破碎程度等工程特征。

（2）施工前准备的另一个重要任务是对工程地质进行补探工作。补做工程地质勘探并做验算后，若深挖路基边坡难以稳定，则应按补做的地质资料进行方案的选择，并报审批后实施。

2）土质深挖路基

（1）边坡。土质深挖路基（图2-8-5）的边坡是否能够稳定，因素很多。最主要的是边坡坡度大小，若边坡平缓，则易于稳定；反之，则不稳定。同时也与气候有关，因此要求边坡应严格按照设计坡度施工。但遇到土质情况与设计资料不符时，特别是土质较设计松散时，应向有关方面提出修改设计的意见，批准后实施，以保证土质深挖路基边坡的稳定。

图2-8-4 爆破警戒标示

图2-8-5 土质深挖路基

同时在施工中应分层设置平台,不但能使边坡稳定,还能起到碎落台的作用。平台表面横向坡度应向内倾斜,纵向坡度与路线平行,平台上的排水设施应与路基排水系统贯通。

(2)施工方法。土质深挖路基施工方法与一般挖方路基的施工方法基本相同,只是多分几层而已,但均应按照设计自上而下,分层开挖,不得乱挖和超挖,严禁掏洞取土;同时,在距边坡3m以内禁止采用爆破法施工。

3)石质深挖路基

石质深挖路基宜采用中小爆破法施工。边坡应从开挖面往下分级刷坡,一般下挖2~3m时,刷坡工作应同时进行。边坡要求顺直、圆滑、大面平整,边坡上不得有松石、危石。

石质深挖路基因过量超挖而影响上部岩石稳定时,应采取加固措施维持岩体的稳定。

石质深挖路基路床顶面宜使用密集小排炮施工。

复习思考题

一、填空题

1.液限大于_____、塑性指数大于_____的土,不得直接作为路堤填料。

2.常用的路基土方机械有松土机、推土机、铲运机、_____、挖土机及各种_____。

3.土基的压实程度对路基的_____和_____影响极大。

4.压实工具不同,压力传布的有效深度也不同,以夯击式机具传布最深,_____次之,_____最浅。

5.土方路堤填筑至路床顶面最后一层的最小压实厚度,不应小于_____。

6.土质路堤每一压实层均应检测压实度,检验频率为第2 000m² 检验点,不足200m² 时,至少应检测_____个点。

7.二级公路土质路堤上路床的压实度应不低于_____。

8.雨季填筑路堤需借土时,取土坑距离填方坡脚不宜小于_____m。

9.填石路基的边坡坡度一般为_____。

10.填石路堤的石料强度不应小于_____MPa。

二、单项选择题

1.对于黏性土、粉性土和砂性土,当用作路基填料时,它们的优先次序为( )。

    A.黏性土,粉性土,砂性土   B.黏性土,砂性土,粉性土

    C.砂性土,黏性土,粉性土   D.粉性土,黏性土,砂性土

2.矮路堤是指路堤填土高度小于( )m的路堤。

    A.0.4   B.1.0   C.1.5   D.2.0

3.在路堤填筑前,当地面横坡陡于1:5时,在清除地面草皮杂物后,还应将坡面挖成台阶,其高度为0.2~0.3m,其台阶宽不小于( )m。

    A.1.0   B.1.5   C.2.0   D.3.0

4.土方路堤必须根据设计断面,分层填筑、分层压实。采用机械压实时,分层的最大松铺厚度,高速公路和一级公路不应超过( )cm。

    A.20   B.30   C.40   D.50

5.以下可作浸水部分路堤的填料为( )。

A. 微风化砂岩　　B. 强风化石灰岩　C. 粉质土　　　　D. 高岭土

6. 高速公路、一级公路和填方高度小于(　　)m 的其他公路应将路基范围内的树根全部挖除并将坑穴填平夯实。

A. 1　　　　　　B. 2　　　　　　C. 3　　　　　　D. 4

7. 高速公路或一级公路,如土的强度较低时,应超挖(　　)cm,其他公路超挖30cm,用粒料分层回填并按路床要求压实。

A. 20　　　　　B. 50　　　　　C. 30　　　　　D. 40

8. 雨季开挖路堑宜分层开挖,每挖一层均应设置排水纵横坡。挖方边坡不宜一次挖到设计高程,应沿坡面留(　　)cm 厚,待雨季过后再整修到设计坡度。

A. 20　　　　　B. 25　　　　　C. 30　　　　　D. 40

9. 关于填石路基填料的选择,下列说法正确的是(　　)。

A. 天然土混合材料中所含石料强度大于20MPa 时,石块的最大粒径不得超过压实层厚度的2/3

B. 天然土所含石料强度小于15 MPa 时,石料最大粒径不得超过压实层厚

C. 高速公路和一级公路的路床顶面以下50cm 范围内,填料最大粒径不大于15cm

D. 二、三、四级公路的路床顶面以下50cm 范围内,填料最大粒径不大于20cm

10. 填石路基压实度控制主要是依靠(　　)。

A. 控制压实度　　　　　　　　　B. 控制填土高度

C. 控制含水率　　　　　　　　　D. 控制两次压实的变形差

三、多项选择题

1. 路基的基本类型有(　　)。

A. 挖方路基　　　　　　　　　　B. 填方路基

C. 半填半挖路基　　　　　　　　D. 不填不挖路基

E. 填石路基

2. 下列关于雨季填筑路堤,错误的做法有(　　)。

A. 在填筑路堤前,应在填方坡脚以外挖掘排水沟,保持场地不积水,如原地面松软,应采取换填等措施

B. 利用挖方土作为填方时应放置一段时间后方可压实

C. 雨季填筑路堤需借土时,取土坑距离填方坡脚不宜小于2m

D. 应选取透水性好的碎、卵石土,沙砾,石方碎渣和砂类土作为填料

E. 路堤应分层填筑,每一层的表面,应做成2% ~4% 的排水横坡

3. 关于路堤的划分,下列说法正确的是(　　)。

A. 填方高度为1.2 ~1.5m 的土质路堤属于矮路堤

B. 填方高度为1.2 ~1.5m 的石质路堤属于矮路堤

C. 填方高度超过18m 的土质路堤属于高路堤

D. 填方高度超过30m 的石质路堤属于高路堤

E. 填方高度超过20m 的土质路堤属于高路堤

4. 关于路堤填筑方式下列说法正确的是(　　)。

A. 填筑路堤宜按横断面全宽分成水平层次逐层向上填筑

B. 原地面不平,填筑路堤时应由低处分层填起

C.山坡路堤地面横坡陡于1:5时,原地面应挖成台阶

D.若填方分成几个作业段施工,两段交接处,不在同一时间填筑,则先填地段,应按1:1坡度分层留台阶

E.若填方分成几个作业段施工,两段交接处,若两个地段同时填,则应分层相互交叠衔接,其搭接长度不得小于1m

5.关于雨季开挖路堑,正确的做法有(   )。

A.开挖前在路堑边坡坡顶2m以外开挖截水沟并接通出水口

B.雨季开挖路堑宜分层开挖,每挖一层均应设置排水纵横坡

C.高速公路或一级公路,如土的强度较低时,应超挖50cm,其他公路超挖30cm,用粒料分层回填并按路床要求压实

D.雨季开挖岩石路堑,炮眼应尽量倾斜设置

E.雨季开挖路堑至路床设计高程以上30~50cm时应停止开挖,应在两侧挖排水沟

四、简答题

1.路堤填筑可采用何种方式? 各种方式的适用性如何?

2.试述影响压实效果的因素。

3.什么是最佳含水率和最大干密度?

4.如何进行碾压工序的控制?

学习情境三 路基排水工程施工

路基内水分过多,会降低土基的承载力。地下水会使路基软化,不但降低土基强度,还会造成边坡坍塌,严重时还会造成整个路基滑塌,严重影响公路的运营和使用。

为了保证路基及边坡的坚固和稳定,必须设置必要的排水设施,同沿线的桥梁和涵洞行成一个完好的排水系统。

路基的水主要是大气降水,水渠、自然沟渠中的水及地下水,所以路基的排水设施也分为地表排水和地下排水。相对而言,地下排水较困难,引设计不易发现,施工时不但要按设计认真施工,还要深入了解地下水可能造成的危害而家以防治。常有的路基地表排水设施主要包括边沟、截水沟、排水沟、涵洞等,地下排水设施主要包括暗沟(管)、渗沟、渗井等。

这里仅介绍地表排水设施的施工方法。地下排水设施的施工方法请参见相关书籍。路基排水工程设施如图3-1所示。

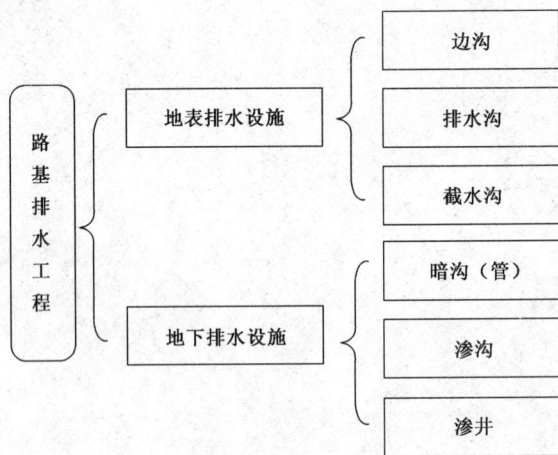

图 3-1 路基排水工程设施

工作任务一 地 表 排 水

学习目标
1. 掌握边沟、排水沟、截水沟施工要点;
2. 掌握边沟、排水沟、截水沟施工的质量控制。

任务描述
利用某在建公路的路基排水案例、多媒体教学资源,通过教师讲解,使同学们掌握边沟、排水沟、截水沟施工要点及质量控制。

本工作任务沿着以下脉络进行学习:

结合课件,教师讲解相关知识 ➡ 展示某在建公路的施工案例 ➡ 掌握边沟、排水沟、截水沟施工要点及质量控制

📝 相关知识

一、地表排水设施

排除地面水的各种设施应充分考虑多方面进入路基范围的水,包括因降雨、降雪以及从公路附近地区流向道路范围的水流,还包括路堑边坡排水和农田横跨道路的排水工程,并由此来确定排水设施的排水。地表排水设施主要有边沟、截水沟、排水沟等。

1.边沟

设置在挖方路基的路肩外侧或低路堤路基的坡脚外侧,用以汇集和排除路基范围内和流向路基的少量地面水的沟槽称为边沟。挖方地段和填土高度小于边沟深度的填方地段均应设置边沟。边沟流水断面大小其深度应根据汇水面积大小来确定,断面形式有边沟处土的类别决定。土质边沟一般为梯形或三角形,石质边沟一般为矩形或梯形。梯形边沟的内侧边坡坡度一般为 $1:1 \sim 1:1.5$,外侧边坡坡度与路堑边坡坡度相同。当边沟外设碎落台时,外侧边坡坡度同内侧边坡坡度。边沟的深度和宽度一般不小于 0.4m,干旱地区和分水点采用 0.3m,高速公路和一级公路的边沟断面应大些,其深度和底宽可采用 $0.8 \sim 1.0m$。

一般情况下,边沟不宜与其他沟渠合并使用,为控制边沟中的水不致过多,一般每隔 $300 \sim 500m$(特殊情况 200m)设排水涵一道,用以及时将边沟水排至路基范围之外。边坡的沟底纵坡与路线纵坡相同,并不宜小于 0.2%,以免水流阻滞淤塞边沟。当沟底纵坡大于 3% 时,应对边坡进行加固;当纵坡超过 6% 时,水流速度大而冲刷严重,可采用跌水或急流槽的形式缓冲水流。另外,在设置超高的平曲线区段内,由于挖方地段路基内侧高程的改变,可能形成边沟积水,危害路基,因此应注意使平曲线段边沟沟底与曲线前后沟底平顺衔接。

2.排水沟

设置排水沟的目的,在于将水流从路基排至路基范围以外的低洼处或排水设施中。在平原微丘区,当原有地面沟渠蜿蜒曲折,并且影响路基稳定时,可用排水沟来改善沟渠线路。有时为了减少涵洞数量,也使用排水沟来合并沟渠。

排水沟一般为梯形断面,底宽不小于 0.5m,深度根据流量而定,但不宜小于 0.5m,边坡坡度视土质情况而异,一般可取 $1:1 \sim 1:1.5$,排水沟应尽量做成直线,如必须转弯时,其半径宜为 $10 \sim 20m$,排水沟长度根据实际需要而定,通常不宜大于 500m。

一般应使排水沟与原水道水流方向成锐角相交,并力求小于 45°,保证汇流处水流顺畅,若限于地形,锐角连接有困难时,可用圆弧线形连接。

3.截水沟

截水沟是设置在挖方路基边坡坡顶以外或山坡路堤的上方,垂直于水流方向,用以截引路基上方流向路基的地面径流的排水设施。截水沟可以防止地表径流冲刷和侵蚀挖方边坡和路堤坡脚,并减轻边沟的泄水负担。

截水沟的断面形状一般多为梯形,底宽不应小于0.5m,深度应根据拦截的水流量确定,一般不宜小于0.5m,边坡坡度视土质而定,一般土质可取1∶1～1∶1.5。

截水沟离路堑边坡坡顶的距离视土质不同而异,以不影响路堑边坡稳定为原则,一般取 $d > 5m$,在截水沟与路堑之间堆筑挡土台。

4. 跌水与急流槽

设置于需要排水的高差较大而距离较短或坡度陡峻地段的阶梯形构筑物,称为跌水。其作用主要是降低流速和消减水的能量。急流槽是具有很陡坡度的水槽,其作用主要是在很短的距离内,水面落差很大的情况下进行排水。

一般在重丘、山岭地区,地形险峻,排水沟渠纵坡较陡,水流湍急,冲刷力强,为减小其流速,降低其能量,防止对路基造成危害,多采用跌水或急流槽。沟底纵坡较陡的桥涵,为使水流稳定而顺利地通过,也可将其涵底及涵洞进出水口做成跌水或急流槽。此外,若必须沿高边坡将水流排至坡脚,可将截水沟接向边沟,为避免边坡受到冲刷,以及需要减速消能的排水设施时,均可采用跌水或急流槽。

从水利计算特点出发,跌水和急流槽的构造分为进水、槽身、出水三部分。

二、地表排水设施施工方法

1. 施工程序

(1)测量放线:利用设计单位提供的测量控制网,定出边沟中心和路面边缘的控制点位置,在该位置打上标有桩号的木桩并测出桩顶高程,作为边沟施工时的轴线。

(2)土方开挖:边沟和排水沟土方开挖采用反铲开挖,人工配合清理,自卸汽车运输,山坡截水沟挖基采取人工挖掘运送。

(3)砌筑:自制一批尺寸与设计相符的边沟钢筋或木质骨架大样,土方开挖后,将大样的中心与边沟轴线控制点对齐,下底放置在设计高程处,稳固后带上线,根据带线后的边沟大样段面进行片石砌筑。砌筑用的砂浆必须严格按照试验室提供的配合比进行配制。砌筑时片石间距一般控制在1～2cm,采用座浆(挤浆法)施工,使片石能被砂浆充分包裹。砌筑表面必须紧靠着所拉的线,以确保其表面平整。

2. 施工要点

1)边沟(图3-1-1)的施工要点

(1)挖方地段和填土高度小于边沟深度的填方地段均应设置边沟。

(2)平曲线处边沟施工时,沟底纵坡应与曲线前后沟底纵坡平顺衔接,不允许曲线内侧有积水或外溢现象发生。

(3)认真做好边沟加固。

①土质地段的边沟纵坡大于3%时应采取加固措施;

②采用浆砌片石加固时,砌缝砂浆应饱满,沟身不漏水。

(4)在边沟与填方路基相邻处设置跌水或急流槽,将水流直接引至填方坡脚以外,以免冲刷边坡,影响路基稳定。

(5)当边沟水流向涵洞进水口时,为避免边沟水流的冲刷,应根据地形条件在涵洞进口处设置窨井、跌水或急流槽等构造物,将水流引入涵洞。

(6)当边沟水流向桥梁时,应在桥头翼墙或挡土墙之后设置跌水或急流槽,将水引入河道。

2）排水沟（图3-1-2和图3-1-3）的施工要点

图3-1-1　边沟

图3-1-2　排水沟

（1）排水沟的线形应平顺，转弯处宜做成弧线形。

（2）排水沟的出水口，应设置跌水和急流槽将水流引出路基或排水系统。

3）截水沟（图3-1-4）的施工要点

（1）截水沟的边缘距挖方路基坡顶的距离视土质情况而定，以不影响路基边坡为原则。一般土质至少应距路堑顶边缘5m，黄土地区不应小于10m，并应采取防渗加固措施。

图3-1-3　排水沟

图3-1-4　截水沟

（2）截水沟应按设计要求进行防渗及加固处理。地质不良地段、土质松软地段、渗水性大或裂隙较多地段，截水沟沟底、沟壁、出水口均应进行加固处理，防止水流渗漏和冲刷。

（3）截水沟长度超过500m时，应选择适当的地点设出水口，将水引至沟中或涵洞处。截水沟必须有牢固的出水口，必要时需设置跌水或急流槽。

3.质量控制

（1）砌体砂浆配合比准确，砌缝内砂浆均匀饱满，勾缝密实。

（2）浆砌片石工程咬扣紧密，嵌缝饱满、密实，勾凹缝保持自然流畅，缝宽大体一致且无通缝。

（3）排水设施施工时，注意衔接顺畅，做到沟底平整并有一定的坡度，以利于排水。

（4）砌体内侧及沟底应平顺，沟底不得有杂物。

（5）急流槽与消力池底应做成粗糙面，并按设计设置消力坎，以利排水并起消力作用。

（6）无论何种形式的边沟、截水沟、排水沟，其相接处，均应设置渐变段，使过渡自然平顺。渐变段长度视具体现场而定。

工作任务二 涵 洞 施 工

学习目标

1. 掌握盖板涵施工要点;
2. 掌握涵洞地基处理方法。

任务描述

利用某在建公路的涵洞施工案例、多媒体教学资源,通过教师讲解,使同学们掌握盖板涵施工要点、涵洞地基处理方法。

学习引导

本工作任务沿着以下脉络进行学习:

结合课件,教师讲解相关知识 → 展示某在建公路的涵洞施工案例 → 掌握盖板涵施工要点、涵洞地基处理方法

相关知识

涵洞是地表排水设施中一个重要的结构物,它的主要功能见表3-2-1。

涵洞主要功能   表3-2-1

功　　能	说　　　　　明
排水	将排水沟、边沟、截水沟的水流汇入涵洞,排出路基以外
泄洪	将山坡坡面汇水流入涵洞,排出路基以外
灌溉	恢复原有沟渠,灌溉农田,满足农业生产需要

在路基施工中,常见的涵洞类型有盖板涵、拱涵、圆管涵、箱涵、倒虹吸,这里仅对最常见的盖板涵的施工方法作介绍,其他类型的涵洞见其他书籍。

1. 盖板涵施工程序

施工顺序:测量放样→基础开挖→清理基底→基础钢筋安装→浇筑基础→浇筑墙身→安装盖板→台背回填→洞口施工。

2. 盖板涵施工方法

(1)准备工作:涵洞开工前应根据设计文件资料进行现场核对,核对时还需注意农用排灌要求,如需要变更设计时,按变更程序进行办理;对地形复杂、陡峻沟谷处的涵洞,斜交涵洞,平曲线和纵坡上涵洞,应先绘制出施工详图,然后再依图放样施工。

(2)测量放样:基础的底宽为基础的尺寸加上两侧预留排水或砌筑站人的宽度;根据土壤类别和深度,确定挖基坡度,算出上口宽,画出开挖范围,钉好桩橛。在施工场地附近设置控制桩和照查桩,以便经常核对涵洞位置。涵洞测量放样时应注意以下事项:

①注意核对涵洞纵横轴线的地形剖面图是否与设计图相符;

②注意涵洞的长度、涵底高程的正确性;

③对斜交涵洞、曲线上和陡坡上的涵洞,应考虑交角、加宽、超高和纵坡对涵洞具体位置、

尺寸的影响;

④注意锥坡、翼墙、一字墙和涵洞墙身顶部和上下游调治构造物的位置、方向、长度、高度、坡度,使之符合技术要求。

(3)挖基:根据测量放样出的挖基施工范围,进行开挖(图3-2-1)。如果基础土石方量很大,则采用人工配合机械施工;如果遇到岩石,则需进行松动爆破,然后人工处理。爆破必须严格采用松动爆破,避免药量过大导致基地岩层被破坏。

(4)清理基础:基础开挖完成后,对基底进行全面清理,石质基底可用水进行清洗,土质基底须清扫干净,然后按照基地设计高程进行复核,同时进行基底承载力试验(图3-2-2)。

图3-2-1　基坑开挖

图3-2-2　地基承载力检测

(5)立侧模、线架:基坑测量结果和承载力均达到设计要求后,根据基础钢筋混凝土的形式,做出样板、线架,有关的各部尺寸、变化点的高程,要标定在线架与样板上,施工中可经常检查、核对,能较好地控制施工质量(图3-2-3)。

(6)浇筑混凝土(基础和墙身)(图3-2-4～图3-2-6):混凝土采用混凝土搅拌机集中拌和,罐车运输进行浇筑。混凝土应分段分层浇筑,上层混凝土在下层混凝土初凝前完成浇筑。上下层同时浇筑时,上层与下层前后浇筑距离应保持1.5m以上。混凝土的振捣使用插入式振动器振捣,在振捣过程中,移动的间距不超过振动器作用半径的1.5倍,振动器应插入下层混凝土50～100mm,布点要均匀,以保证混凝土的密实性。分段混凝土应一次性连续浇筑,当混凝土浇筑至模板顶后,及时清除表面已离析的混合物和水泥浮浆。浇筑涵洞基础和涵台墙身时,根据现场基底情况每4～10m设置一道沉降缝,沉降缝宽度2cm,沉降缝两端面应保持竖直、平整,上下不得交错,缝间采用沥青麻絮填塞。

图3-2-3　基础立模

图3-2-4　混凝土基础

图 3-2-5 墙身立模

图 3-2-6 墙身混凝土

（7）盖板的预制：钢筋混凝土盖板采取集中预制，对正交涵洞预制时仅对底模尺寸进行变换即可。当涵洞为斜交时，将洞口盖板预制为梯形即可，具体施工工艺如下：

①对盖板底模和侧模进行打磨，除去锈迹和局部疤痕，然后在模板上涂抹脱模剂，最后安装模板，测量尺寸和角度。

②在安装好的模板内绑扎钢筋，安装钢筋时注意将事先制作好的混凝土块（3～4cm）平稳安放在底层钢筋下，使钢筋保持设计规定的净保护层间距（图 3-2-7）。

③钢筋安装完毕后复核盖板长度、宽度及角度，如果符合要求，可以开始浇筑混凝土（图 3-2-8）。浇筑时振捣必须密实，同一块板一次性浇筑完毕，并对表面进行找平清光，对超出侧模的混凝土予以清除，保持盖板厚度一致。

图 3-2-7 盖板钢筋

图 3-2-8 浇筑盖板

④当盖板的强度达到设计强度的 90% 后方能脱模搬运存放，盖板在存放时采用两点搁置（方木支垫于支撑线位置），不得翻转。

（8）盖板的安装：当涵台的强度达到设计强度的 90%，即可安装盖板。安装时采用汽车吊吊运安装，施工中注意以下事项。

①盖板在装卸和运输过程中，应注意安放平稳，以防碰撞破坏盖板表面和棱角；

②安装前，先清扫涵台顶的污物和杂尘，将涵台顶湿润，摊铺一层砂浆，然后将盖板安放就位；

③盖板在墙身和基础沉降缝处断开，沉降缝两侧的盖板采用沥青麻絮进行填塞，其余盖板之间采用 M3.0 水泥砂浆充填；

④盖板安装完毕后采用 M3.0 水泥砂浆充填台背与盖板间的空隙。

（9）台背回填和涵顶填土：盖板填缝强度达到 90% 后即可进行台后回填。台背回填在不小于2倍台高范围内,采用透水性较好的砂质土和砂粒石土,不得采用含有泥草或冻土块的土。回填土应对称分层夯实、分层检查,每一压实层的松铺厚度不宜超过15cm,回填时涵洞两侧的填土与压实应对称回填,填土碾压先用小型手扶振动夯或手扶振动压路机碾压,在涵顶以上50cm范围内采用轻型静载压路机碾压。涵洞顶部至路床顶面的压实度均为95%。

(10)洞口工程(图3-2-9~图3-2-12):洞口工程包括跌水井、八子翼墙、墙锥(一字端)坡等形式,施工时注意以下事项。

图3-2-9 涵洞成型

图3-2-10 涵洞接排水沟

图3-2-11 通道与原路相接

图3-2-12 涵洞与原沟相接

①涵洞进出口采用锥坡时,一字翼墙与洞身一起浇筑;采用跌水井、八字翼墙时均应与洞身分开砌筑,连接缝内填以沥青麻絮;

②洞口帽石,可按涵洞孔径预制或现场浇筑;

③涵洞进出口铺砌,排水设施应做好与路基排水沟、原有沟渠的顺应连接,保持涵洞排水流畅。

(11)软土地基涵洞基础的处理。在涵洞基坑开挖后,经检测,地基承载能力达不到设计要求时,结合实际情况选用下列处理方案进行地基处理。

①基坑超挖:在基坑开挖后,经检测,地基承载能力达不到设计要求,可根据检测实际的地质情况判定下层的土质情况,在监理工程师的许可下进行基坑的超挖(图3-2-13)。若以下地基的承载能力满足设计要求,即可进行基础施工。

②换填:在基坑超挖后仍不能满足设计要求时,可扩大基坑的开挖面积,砌筑浆砌片石或干砌片石,再铺设碎石垫层,使涵洞的地基应力扩散,经验算满足地基的承载能力后,可进行基础的砌筑(图3-2-14)。

图 3-2-13　基坑超挖

图 3-2-14　基础换道

③钢筋混凝土基础：在浆砌或干砌片石、铺设碎石垫层后，基底应力仍然满足不了设计要求，可考虑将原浆砌基础变更为钢筋混凝土整体式基础，使路基填筑后，涵洞能够均匀沉降。

如墙身、基础为浆砌片（块）石时，请参照学习情境四的施工工艺和技术要求即可。

复习思考题

一、填空题

1._____边沟适用于沙漠或积雪地区的路基。

2.路基跨越原有沟渠，且沟渠水位高于路基设计高程，不能按正常条件下设置涵洞，可采用_____排水。

3.路基排水设施可分为_____和_____两大类。

4.渗井离路堤坡脚不应小于_____。

5.三角形边沟的长度不宜超过_____m。

6.明沟的最小允许流速为_____m/s。

二、单项选择题

1.属于地下排水设施的是（　　　）。

　　A.蒸发池　　　　　　B.渗井　　　　　　C.急流槽　　　　　　D.倒虹吸

2.公路边沟的主要功能是排除路基用地范围内的（　　　）。

　　A.地下水　　　　　　B.地面水　　　　　　C.层间水　　　　　　D.岩石裂隙渗水

3.截水沟设置在斜坡地段的公路路基（　　　）。

　　A.下方　　　　　　　B.左面　　　　　　　C.右面　　　　　　　D.上方

4.当路基附近的浅层地下水无法水平排除，影响路基稳定性时，可设置（　　　）。

　　A.边沟　　　　　　　B.盲沟　　　　　　　C.渗沟　　　　　　　D.渗井

5.当排水纵坡陡于1:1.5时，应选用（　　　）。

　　A.跌水　　　　　　　　　　　　　　　B.金属管急流槽

　　C.浆砌片石急流槽　　　　　　　　　　D.混凝土急流槽

6.按构造的不同，渗沟可大致分为（　　　）三种类型。

　　A.盲沟式渗沟、管式渗沟和渗井式渗沟

B. 填石渗沟、管式渗沟和洞式渗沟

C. 填石渗沟、渗井式渗沟和盲沟式渗沟

D. 盲沟式渗沟、填石渗沟和洞式渗沟

7. 采用 10 年设计降雨重现期进行水文计算的是( )。

    A. 高速公路、一级公路路界内坡面排水

    B. 高速公路、一级公路路面和路肩表面排水

    C. 二级及二级以下公路路界内坡面排水

    D. 二级及二级以下公路中面和路肩表面排水

三、多项选择题

1. 以下属于地表排水设施的有( )。

    A. 渗沟   B. 边沟   C. 截水沟   D. 排水沟   E. 盲沟

2. 排水沟的截面形式可以采用( )。

    A. 圆形   B. 矩形   C. 梯形   D. 弧形   E. 三角形

3. 设置盲沟的目的在于( )。

    A. 拦截流向路基的层间水

    B. 降低路基范围的地下水水位

    C. 在填方和挖方交界处,拦截和排除路堑下面层间水和小股泉水

    D. 排除少量地表水

    E. 排除边沟水

4. 深而长的渗沟,要求设置检查井的位置为( )。

    A. 地下水出露处   B. 渗沟转弯处

    C. 渗沟边坡处   D. 在渗沟直线段每隔 30 ~ 50m 处

    E. 地下水流量变化处

5. 排水隔离层应符合( )等技术要求。

    A. 隔离层的合成纤维土工织物,其最小抗压强度不应小于 50MPa

    B. 土工织物铺在地面上,用木桩和石块固定就位,其搭接长度纵向和横向宜为 2m

    C. 在土工织物上的铺筑材料要求选用矿渣、碎石或砾石,采用重型机械压实,最小厚度
        为 30cm

    D. 在土工织物上的铺筑材料要求选用矿渣、碎石或砾石,其中最大粒径为 30cm

    E. 排水隔离层顶面须高出地下水位 30cm 以上

6. 关于截水沟的说法正确的是( )。

    A. 挖方路基的截水沟应设置在坡顶 10m 以外

    B. 填方路基上侧的截水沟距填方坡脚的距离不应小于 2m

    C. 截水沟的深度不宜小于 0.5m

    D. 截水沟的底宽不宜小于 0.5m

    E. 截水沟的长度一般不宜超过 600m,超过 600m 时,可在中间适宜位置增设泄水口,由
        急流槽分流排引

四、简答题

公路路基常用的排水设施有哪些?

学习情境四 路基防护与加固工程施工

公路路基在雨水、风、气温变化及水流冲刷的作用下,路基边坡产生一系列的变形,如边坡表土剥落、边坡冲沟及滑塌等,严重地影响路基的稳定性和交通安全。为了保证公路的使用通畅,对土质不良的路基边坡和易于受水冲刷的路基进行必要的防护与加固是非常重要的。

路基防护按作用分有:坡面防护、冲刷防护、滑坡防护。

防护方法	方法名称	说　明
坡面防护	植物防护	种草
		铺草皮
		三维植被网
		植树
	骨架植物防护	浆砌片石骨架植草防护
		混凝土骨架植草防护
		锚杆混凝土框架植草防护
	圬工防护	喷浆或喷射混凝土
		锚杆挂网喷护
		干砌片石护坡
		浆砌片石护坡
		浆砌片石护面墙
	封面捶面防护	封面
		捶面
冲刷防护	直接防护	抛石(或堆石)防护
		干砌片石防护
		浆砌片石防护
		石笼防护
		浸水挡土墙防护
	间接防护	导流构造物
		防护林带
		改河道
滑坡防护	挡土墙	
	抗滑桩	
	边坡锚固防护	
	土钉支护	

公路边坡沿公路分布的范围广,对自然环境的破坏面大。如果在防护的同时,注意保护环境和创造环境,采用适当的绿化防护方法来进行,则会使公路具有安全、舒适、美观、与环境相

协调的特点,也将会产生可观的经济效益、社会效益和生态效益。

对于公路边坡的绿化、防护及美化,应遵循以下原则:

(1)首先对边坡的自然条件进行充分调查,在掌握地理地质、边坡形状、土壤特性及气候环境的基础上,确定总体设计方案;

(2)"点、线、面"有机结合,即局部地段重点防护、绿化和美化,局部地段过渡处理;

(3)设计手法采用自然式和规则式并用;

(4)从安全、美学角度,考虑植物品种配置和种植形式,形成色彩、色带的韵律变化;

(5)选用固土护坡作用强的植物,以植草为主,灌、草结合,短、长期水保效益兼顾,从根本上防止水土流失。

工作任务一　路基坡面防护

📖 学习目标

1.叙述路基坡面常用的防护措施;

2.知道路基坡面防护类型的适用条件和施工工艺;

3.分析路基坡面防护类型的优缺点,选择合适的防护类型;

4.根据公路路基施工技术规范,完成坡面防护施工技术作业;

5.正确完成给定的具体坡面工程,选择适当的防护措施,编制施工工艺流程。

📖 任务描述

通过完成本任务,要明确公路路基坡面防护常采用的措施及各种措施的适用条件。针对具体的边坡实例,应能提出切实可行的坡面防护方案,编制出相应的施工流程和施工注意事项。

📖 学习引导

本工作任务沿着以下脉络进行学习:

观看坡面防护图片,激起学生的学习兴趣 → 教师详细讲解各种防护方案 → 给出工程实例,请同学提出防护方案

📖 相关知识

路基坡面防护包括植物防护、骨架植物防护、圬工防护和封面捶面防护等方法。植物防护有种草、铺草皮、植树和三维植被网防护;骨架植物防护有浆砌片石或混凝土骨架植草防护和锚杆混凝土框架植草防护;圬工防护有喷护(喷浆或喷混凝土)、锚杆挂网喷护,干砌片石、浆砌片(卵)石护坡和护面墙等结构形式。

一、植物防护

1.种草

1)作用

种草是一种施工简单、造价经济而有效的坡面防护措施。草能覆盖表土,防止雨水冲刷,调节土的温度,防止裂缝产生,固结表面土壤,防止坡面风化剥落,加强路基的稳定性(图4-1-1)。

53

图 4-1-1　坡面种草

坡面可允许缓慢流水(0.4~0.6m/s)的短时冲刷。

种草防护能起到绿化、美化环境,使公路具有安全、舒适、美观、与环境相协调等特点。

2)适用条件

(1)适用于草类生长的土质路堑和路堤边坡上,且边坡坡度较缓、边坡高度不高的路基。

(2)对边坡土层不宜于种草者,可先铺一层有利于草生长的种植土,铺土厚度 10~15cm。为使种植土与边坡结合牢固,可沿边坡坡面每隔100cm 的距离挖20cm 宽的台阶,如图4-1-2 所示。

(3)对于经常浸水或长期浸水的路基边坡,草不易生长,不宜采用此种防护。

3)草种的选择

选用的草籽要适合当地土质和气候条件,通常应选择易成活、根系发育、茎干低矮、枝叶茂盛、生长能力强的多年生草种,如白茅草、毛鸭咀、鱼肩草及两耳草等。

4)施工流程

种草施工流程如图4-1-3 所示。

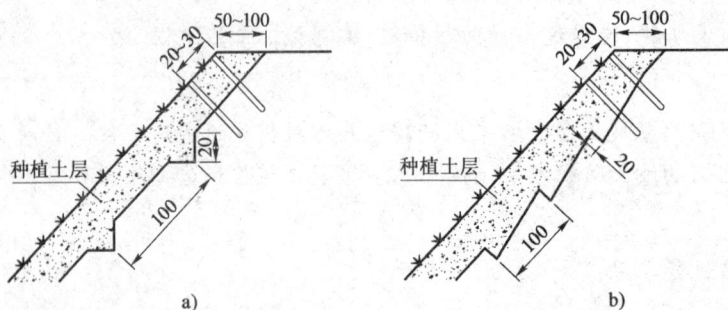
图 4-1-2　种草护坡(尺寸单位:cm)

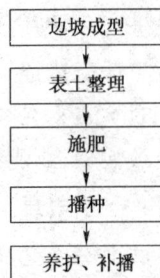
图 4-1-3　种草施工流程

5)施工注意事项

(1)播种草籽可根据具体情况按撒播或行播进行。为使草籽均匀分布,可先将草籽与砂、干土或锯末混合播种。草籽埋入深度应不小于5cm,种完后将土耙匀并适当拍实,使土盖住草籽,然后洒水,保持潮湿并覆盖。

(2)路堤的路肩和路堑顶边缘应埋入与表层齐平的带状草皮,草皮厚5~6cm,宽度20~25cm。

(3)播种时间一般应在春季、秋季,不可在干燥的风季和暴雨季节播种。

(4)播种前,必须将表土耙松,土块打碎、整平,清除石块、杂草及有害物质,并对表土进行均匀施肥,施肥量1 000m² 不得少于70kg。草籽的播撒量,在坡面每1 000m² 不少于9kg。路堑边坡或路堤较高时,可通过试验采用草籽与含肥料的有机质泥浆的混合物,喷射于坡面上。

(5)加强管理,经常检查成活率,必要时应进行补充播种。

2.铺草皮

1)作用

铺草皮对坡面的防护作用同种草防护,但效果更好,并可用在较高、较陡和坡面冲刷较重的边坡上,铺草皮比种草防护收效快,如图 4-1-4 所示。

2)适用条件

铺草皮适用于坡面缓于 1∶1 的各种土质边坡及严重风化的软质岩石边坡。为防止表水冲刷产生冲沟、流泥等病害,在种草成活率低,且附近草皮来源较易的情况下,可用铺草皮防护。

3)草皮选择与要求

(1)草皮应选择根系发达,茎矮叶茂的耐旱草种,如白茅草、假俭草、绊根草等。

(2)草皮规格:草皮宜选用带状或块状。挖划皮时草皮的两端最好斜切,横断面呈扁平四边形,长 30cm,宽 20cm,厚 10cm。干燥和炎热地区,厚度可增加到 15cm。

4)施工流程

铺草皮施工流程图如图 4-1-5 所示。

图 4-1-4 草皮铺设

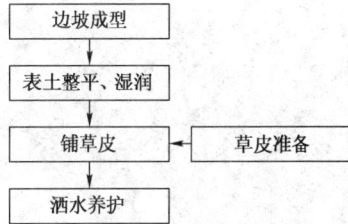

图 4-1-5 铺草皮施工流程

5)施工注意事项

(1)草皮应与坡面密贴,并用木锤将草皮的斜边拍紧拍平。每块草皮的四角用长 20～30cm、直径 2～3cm 的木桩或竹桩钉固,桩与坡面垂直,露出草皮表面不超过 2cm,如图 4-1-6 所示。当边坡缓于 1∶1.5 时,可不钉桩。对于岩层,钉木桩或竹桩有困难时,可将坡面挖成深为 5～10cm 的锯齿形,用浸湿变软的草皮块铺上并拍紧。

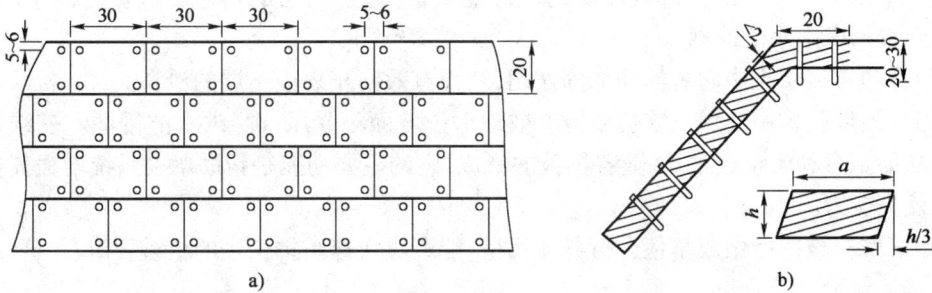

图 4-1-6 草皮铺设示意图(尺寸单位:cm)
a)平面;b)剖面

(2)当为路堑时,草皮应铺过堑顶肩部至少 100cm 或铺至截水沟,坡脚应选用厚度适当且整齐的草皮或作其他加固处理。

(3)当草皮来源不足,而草根容易蔓延时,在高度不大的土质路堤边坡,可改用方格草皮结构。条状草皮应嵌入边坡 4～8cm,草皮条宽 20～30cm,在坡顶和坡脚 50～100cm 高度内满铺草皮,也可在方格内撒播草籽。

（4）铺草皮前，边坡表层要挖松整平，较大的坑凹或冲沟应填平，然后洒水，均匀湿润坡面。

（5）铺草皮可自坡脚向上铺钉，也可自上而下铺钉。护坡顶部和两端的草皮应嵌入坡面内，草皮护坡的边缘与坡面衔接处应平顺，防止阻水和雨水沿草皮与坡面间隙渗入而使草皮下滑。

（6）铺草皮施工一般应在春季或秋季进行，气候干旱地区则应在雨季进行。

（7）铺种的草皮应洒水养护，使坡面湿润，直至草皮成活。

3. 三维植被网

1）护坡机理

三维植被网防护是土工织物复合植被防护坡面的一种典型形式，如图 4-1-7 所示。三维植被网以热塑料树脂为原料，采用科学配方及工艺制成。其结构分为上、下两层：下层为一个经双面拉伸的高模量基础层，强度足以防止植被网变形；上层是由具有一定弹性的、规则的、凹凸不平的网包组成，其材质疏松柔韧，留有 90% 以上的空间可填充土壤及草籽，将草籽及表层土壤牢牢固定在立体网中间。同时，由于网包表面凹凸不平，可使风及水流在网包表层产生无数小涡流，起到缓冲消能作用，并促使其携带物沉积在网垫中，这样就有效地避免了草籽及幼苗被雨水冲走流失，大大提高了植草覆盖率。同时，三维网固定于坡面上，直接对坡面起到固筋作用。当植草生长茂盛后，植物根系可从网包中舒适均衡地穿过，深入地下达 0.5m 以上，与网包、泥土三者形成一个坚固的绿色保护整体，起到复合护坡的作用。

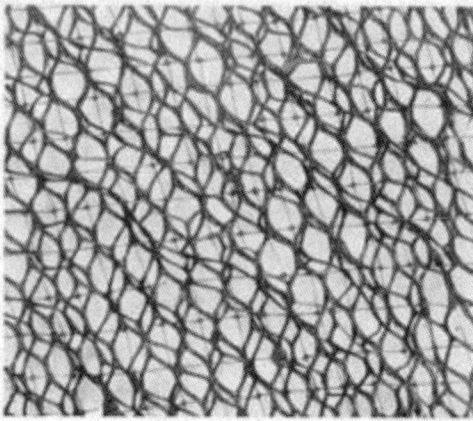

图 4-1-7　三维植被网

2）三维植被网的特点

（1）由于网包的作用，能降低雨滴的冲蚀能量，并通过凸出的网包降低坡面雨水的流速，从而有效地抵御雨水的冲刷。

（2）在边坡表层土中起着加筋加固作用，从而有效防止表面土层的滑移。

（3）在边坡防护中使用三维植被能有效地保护坡面不受风、雨、洪水的侵蚀。三维植被网的初始功能是有利于植被生长，随着植被的形成，它的主要功能是帮助草根系统增强其抵抗自然水土流失能力。

（4）三维植被网能做成草毯进行异地移植，能解决快速防护工程的植被要求。

3）施工流程

三维植被网施工流程图如图 4-1-8 所示。

（1）边坡整型、细平整。当路基土方已经完工并经监理工程师验收后，放出路基边坡脚桩。直线路段路基边桩及坡脚桩每 20m 打桩，曲线路段加密到 5～10m，以保证路基边坡线平滑顺直。定出路基边桩及坡脚桩后，用白灰标出控制线，然后刷坡。刷坡采用人工配合挖掘机进行。刷坡后将边坡上的土块粉碎、平整，并施入底肥。

（2）开挖沟槽。在坡顶及坡脚处，按照施工图纸设计尺寸，人工开挖预埋植被网的沟槽，并平整。

（3）覆网。边坡整理完工并经监理工程师验收后，按照设计图纸和施工规范要求或工程师的指示，及时进行人工铺设 EM3 型三维植被网。覆网时，先将网置于坡顶沟槽内，然后从坡顶到坡脚依次进行。网块之间要重叠搭接，搭接宽度不宜小于 10cm。

（4）固定。覆网后按照一定的密度和方式，采用竹钉（长 25cm）或 R 形钢筋（长 25cm）打入边坡进行固定。

（5）覆土。当三维植被网固定好以后，在网上覆一薄层土进入网包（可以用木条刮入），而土壤要求细碎、肥沃、pH 值适中。

（6）播种。根据当地的气候、土质、含水率等因素，选择易于成活、枝叶茂盛、根系发达、茎低矮、多年生、便于养护和经济的草籽种类。为使草籽均匀分布，草籽应掺加细砂或细土搅拌均匀后播撒。

（7）再覆土。撒播草籽后，在网上面再均匀覆盖一层薄土（总厚度约为 2cm），并适当拍实，使边坡表面平整，并保证使土盖住草籽。

（8）覆盖纤维布或稻草、秸秆。为了让草籽尽快发芽，边坡上面应考虑采用纤维布或稻草、秸秆等进行覆盖，使土壤保持湿润和适宜草籽生长的温度。

（9）浇水养护。种植草籽后应适时进行洒水施肥、清除杂草等养护管理，直到草籽成活并覆盖坡面。

4）施工注意事项

（1）用挖掘机刷坡时，要预留约 20cm 宽由人工清除，以保证路基边坡的密实度，人工刷坡时要挂线，并用坡度尺检验路基边坡坡度，以确保路基边坡的外观线形。

（2）开挖沟槽和刷坡一次不要过长，防止雨水、风沙等作用破坏路基边坡坡面。

（3）植被网尽量与坡面贴附紧密，防止悬空，使网保持平整，不产生皱褶。

（4）撒播草籽应在无风、气温在 15℃ 以上的天气进行，避免在干燥的风季和暴雨季节播种。

（5）浇水时最好采用雾状喷施，防止形成径流，以免造成草籽分布不均匀而影响覆盖率和美观。

（6）养护期加强管理，以有效地养护所有种植面上的植物，直到养护期终止。

实践证明，采用三维植被网进行公路边坡防护，施工简便，劳动强度小，效率高，大大降低了工程造价，同时又美化了公路沿线的环境，具有非常广阔的应用前景。

4. 植树

1）适用条件

如图 4-1-9 所示，植树防护适宜于各种土质边坡和严重风化的岩石边坡，但在经常浸水、盐渍土和经常干涸的边坡上及粉质土边坡上不宜采用。植树防护最好在 1:1.5 或更缓的边坡上。

2）树种选择和要求

（1）树种应为根系发达、枝叶茂盛、能迅速生长分蘖的低矮灌木，如紫穗槐、夹竹桃。

（2）选择紫穗槐的树苗至少要有一年的树龄。挖掘树苗时，不得损伤大的根系，最好带些土，以利成活。

（3）夹竹桃是截枝插栽，用来截枝的夹竹桃树要有两年以上的树龄，每一根截枝最少要有四节，下端切成

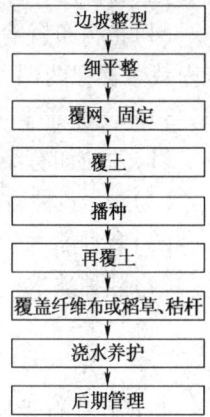

图 4-1-9　边坡植树

```
边坡整型
细平整
覆网、固定
覆土
播种
再覆土
覆盖纤维布或稻草、秸秆
浇水养护
后期管理
```
图 4-1-8　三维植被网施工流程

斜形,上端切齐平,并用泥土包好,防止水分蒸发。

(4)植树布置有梅花形和方格形,植树间距40~60cm,植树坑深为25cm,坑直径20cm,每坑内栽紫穗槐两棵,插夹竹桃三根。

3)施工注意事项

(1)边坡如有不利于灌木生长的砂石类土,则栽种的坑内应换填宜于灌木生长的黏质土。

(2)灌木栽种后,坑中应及时填土压实,并经常浇水,使坑内保持湿润,直到灌木发芽成活。

(3)栽种灌木的边坡,在大雨过后要时行检查,发现问题及时处理。

(4)栽种灌木应当在当地的植树造林季节。

二、骨架植物防护

1.浆砌片石骨架植草防护

1)防护介绍

浆砌片石骨架植草防护,既能稳定路基边坡,又节省材料,造价较低、施工方便、造型美观,能与周围环境自然融合,是目前高速公路边坡防护的主要形式之一,被广泛推广应用。其结构形式主要有方格形、人字形、拱形及多边混凝土空心块等,如图4-1-10所示。骨架内可以铺草皮、植草或用三合土、四合土捶面,或栽砌卵石进行防护。

图4-1-10 浆砌片石骨架护坡
a)方格形骨架护坡;b)人字形骨架护坡;c)拱形骨架护坡

2)适用条件

(1)浆砌片石骨架植草防护适用于土质和强风化岩石边坡,防止边坡受雨水侵蚀,避免土质坡面上产生沟槽。当边坡潮湿,发生溜坍及坡面受冲刷严重时,若采用草皮护坡或捶面护坡易被冲毁脱落,则可采用浆砌片石骨架的加强措施。

(2)骨架内铺草皮、植草还是捶面或栽砌卵石,应根据土质情况和边坡坡度及当地材料来源等情况选用。

3)施工流程

浆砌片石骨架植草防护施工流程如图4-1-11所示。

(1)边坡整理成型。按设计坡度比刷坡成型,刷坡采用人工配合挖掘机进行。

(2)浆砌片石骨架。按设计骨架尺寸1:1比例放样挂线,并开挖砌槽。选择质地坚硬、无缝隙、无风化的优质石料自下而上砌筑骨架。骨架结构一般采用方格形,骨架间距3~5m。骨架底部坡脚1.0m和顶部0.5m范围用M5.0水泥砂浆砌片石镶边加固。

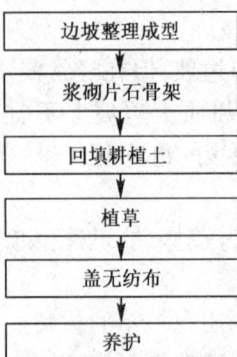

图4-1-11 浆砌片石骨架
植草施工流程

边坡整理成型
↓
浆砌片石骨架
↓
回填耕植土
↓
植草
↓
盖无纺布
↓
养护

58

（3）回填耕植土。主要针对岩质边坡或原边坡土壤不易于草种生长的边坡。

（4）植草与养护。植草与养护方法与前种草防护方法同，此处不再叙述。

4）施工注意事项

（1）骨架表面与草皮表面应平顺，在降雨量大且集中的地区，骨架上可做成截水沟式，以分流排除地表水。

（2）当骨架内为捶面时，应在骨架节点中心位置留有泄水孔，骨架外露部分应和捶面厚度相等，使表面平顺。

（3）施工前应清理坡面浮土、碎石，填补坑凹地。

（4）骨架内草皮或捶面均应与坡面和骨架密贴，以防地表水沿缝隙渗入，损坏防护工程。

（5）骨架内捶面或砌卵石应在浆砌片石骨架的强度达到70%以上时进行。

2. 混凝土骨架植草防护

混凝土骨架植草防护与浆砌片石骨架植草防护类似，此处不再介绍。

3. 锚杆混凝土框架植草防护

1）防护介绍

锚杆混凝土框架植草防护（图4-1-12）是近年来在总结锚杆挂网喷浆（混凝土）防护的经验教训后发展起来的，它既保留了锚杆对风化破碎岩石边坡的主动加固作用，防止岩石边坡经开挖卸荷和爆破松动而产生的局部破坏，又吸收了浆砌片石（混凝土）骨架植草防护的造型美观、便于绿化的优点。适用于土质边坡和坡体中无不良结构面、风化破碎的岩石路堑边坡。

图4-1-12　锚杆混凝土框架植草防护

锚杆混凝土框架植草防护的形式有多种组合：锚杆混凝土框架＋喷播植草、锚杆混凝土框架＋挂三维土工网＋喷播植草、锚杆混凝土框架＋土工格室网＋喷播植草、锚杆混凝土框架＋混凝土空心块＋喷播植草等。

2）适用条件

锚杆混凝土框架植草防护适用于边坡高度较大、稳定性较差的土质边坡和岩石路堑边坡。坡体中无不良结构面、风化破碎的岩石路堑边坡，宜采用非预应力的系统锚杆。

3）施工流程

锚杆混凝土框架植草防护施工流程如图4-1-13所示。

（1）坡面成型。对于高陡边坡，施工时，边坡应从坡顶向下逐级开挖，逐级加固，即开挖一级，防护一级，不得一次开挖到底。

（2）测定孔位。根据施工设计图，计算出锚杆布设范围内控制孔位点坐标，用仪器将其测放于坡面上，并用固定桩固定。坡面其他孔位点定位，以已测放出的控制孔位点为基准，用钢尺丈量即可。孔位允许偏差不大于150mm。

坡面成型

↓

测定孔位

↓

钻机就位

↓

角度调整

↓

钻孔

↓

清孔

↓

安装锚杆

↓

锚孔注浆

↓

混凝土框架施工

↓

修整边坡

↓

回填种植土

↓

框内种草

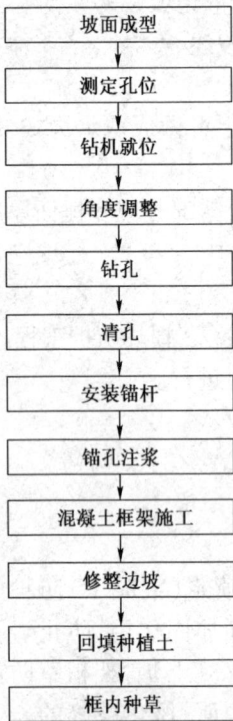

图 4-1-13　锚杆混凝土框架
植草施工流程

（3）钻机选择。根据锚固地层的类别、锚杆孔径、锚杆深度以及施工场地条件等来选择钻孔设备。

（4）钻机就位并调整角度。锚杆孔位确定后，搭设钻机平台，并用锚杆将其与坡面固定。根据坡面测放孔位，准确安装固定钻机，并调整机位，确保开孔位准确。除锚杆孔位准确外，还须按设计调整钻孔倾角和方向，倾角允许误差不大于 2.0°。

（5）钻孔。钻孔要求干钻，禁止采用水钻，以确保锚杆施工不至于恶化边坡岩体的工程地质条件和保证孔壁的黏结性能。钻孔速度根据使用钻机性能和锚固地层严格控制，防止钻孔扭曲和变径，造成下锚困难或其他意外事故。钻孔深度允许偏差为不长于 200mm，不短于 50mm。

（6）清孔。钻进达到设计深度后，不能立即停钻，要求稳钻 1～2min，防止孔底尖灭、达不到设计孔径。钻孔孔壁不得有沉渣及水体黏滞，必须清理干净。在钻孔完成后，使用高压空气（风压 0.2～0.4MPa）将孔内岩粉及水体全部清除出孔外，以免降低水泥砂浆与孔壁岩土体的黏结强度。

（7）安装锚杆。锚杆有预应力和非预应力两种。杆体应严格按照设计图纸加工制作，若锚杆与混凝土框架钢筋相干扰，可局部调整框架钢筋间距。要确保每根钢筋顺直，并除锈、除油污。杆体入孔前需核对锚孔编号，确认无误后再人工缓慢将锚杆体放入孔内，用钢尺测量杆体孔外露长度，确保锚杆锚固长度。

（8）锚孔注浆。注浆常采用二次高压劈裂注浆。一次常压注浆从孔底开始，如一次注浆不满，要补充注浆，直至注满为止。注浆压力不低于 2.5MPa，浆液宜按水灰比 0.45～0.5、灰砂比为 1:1 配制。二次注浆在一次注浆形成的水泥结石体强度达到 5.0MPa 后，分段依次由下至上进行，注浆压力、注浆数量和注浆时间根据锚固体的体积及锚固地层情况确定。注浆结束后，将注浆管、注浆枪和注浆套管清洗干净，同时做好注浆记录。

（9）混凝土框架施工。混凝土框架施工流程如图 4-1-14 所示。锚杆施工完后，测量放出框架位置，采用人工开挖框架槽体，石质坡面使用风镐开凿。框架钢筋绑扎先竖梁，后横梁。如为非预应力锚杆，锚杆尾部不需外露、不需加工丝口、不用螺母和混凝土锚头封块，只需将锚杆尾部与竖梁钢筋相焊接成一整体。模板采用短钢筋固定在坡面上，线条美观。混凝土浇筑时，尤其在锚孔周围，钢筋较密集，需充分振捣，保证混凝土质量。

4）施工注意事项

（1）当岩层破碎或松软饱水等易于塌缩孔和卡钻埋钻的地层中采用跟管钻进技术。

（2）钻孔时，如遇塌孔缩孔等不良钻进现象时，须立即停钻，及时进行固壁灌浆处理（灌浆压力 0.1～0.2MPa），待水泥砂浆初凝后，重新扫孔钻进。

（3）钻进过程中，应对每个孔的地层变化、钻进状态（钻压、钻速）、地下水及一些特殊情况做好现场施工记录。

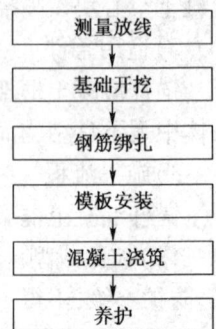

测量放线

↓

基础开挖

↓

钢筋绑扎

↓

模板安装

↓

混凝土浇筑

↓

养护

图 4-1-14　混凝土框架
施工流程

（4）清孔时,除相对坚硬完整之岩体锚固外,不得采用高压水冲洗。

三、圬工防护

圬工防护包括喷浆或喷射混凝土防护(简称喷护)、锚杆挂网喷护、干砌片石、浆砌片(卵)石护坡和护面墙等结构形式。圬工防护用于路堑边坡防护时,应注意与边坡渗沟或排水孔配合使用,防止边坡产生变形破坏。

1. 喷护

1)适用条件

喷护(图 4-1-15),适用于边坡易风化、裂隙和节理发育、坡面不平整的岩石路堑边坡,且边坡较干燥,无流水侵入。对于高而陡的边坡,当需大面积防护时,采取此类型更为经济。

2)喷护的优缺点

喷护初期强度高、抗雨水冲蚀能力强,但造价高,缺乏景观效果,不符合"绿色环保"的要求。

3)施工流程

喷护施工流程如图 4-1-16 所示。

图 4-1-15　坡面喷射混凝土

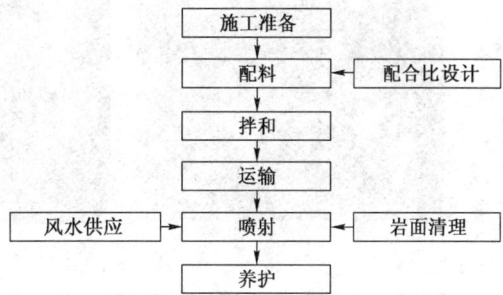

图 4-1-16　喷护施工流程

（1）施工准备。在边坡进行喷射前,先清理坡面杂物,清除浮石及松动岩石,并用水冲洗。采取措施对泉水、渗水进行处治。对各种原材料进行试验检测,满足相关技术要求。

①水泥:应采用强度等级不低于 42.5 的普通硅酸盐水泥。

②砂:喷浆采用粒径为 0.1 ~ 0.25mm 的纯净细砂;喷射混凝土采用粒径为 0.25 ~ 0.5mm 的中粗砂,砂的含量不得超过 5%。

③混凝土粗集料:喷射混凝土的粗集料应采用纯净的卵石或碎石,最大粒径不得大于 25mm,大于 15mm 的颗粒应控制在 20% 以下,针片状颗粒含量不得超过 15%。

④速凝剂:速凝剂应采购信誉好的厂家生产的产品,掺量应根据需要通过试验确定。

（2）配合比设计。水泥砂浆及混凝土的配合比应根据施工机械及当地材料供应情况通过试验确定。常用的配合比(质量比):水泥:砂浆 = 1:4(水泥砂浆),水泥:石灰:砂 = 1:1:6(水泥石灰砂浆),水泥:砂:粗集料 = 1:2:2 ~ 1:2:3(混凝土)。

（3）喷射机械。喷浆防护边坡常用机械喷护法施工。目前,喷浆工艺有三种:干喷、潮喷和湿喷,分别对应三种喷射机械,如图 4-1-17 所示。

（4）喷射。喷射砂浆强度不应低于 M10,厚度不宜小于 50mm,一般为 50 ~ 70mm;喷射混凝土的强度不应低于 C15,厚度不宜小于 80mm,一般为 100 ~ 150mm,并应根据厚度分 2 ~ 3 层喷射。施工作业前,应通过试喷,选择合适的水灰比,以保证喷射坡面的质量。喷浆水灰比过

图 4-1-17　混凝土喷射机械
a)干喷机;b)潮喷机;c)湿喷机

小时,灰体表面颜色灰暗,出现干裂,回弹量大,粉尘飞扬;水灰比过大时,灰体表面起皱、拉毛、滑动,甚至流淌;水灰比合适时,灰体呈黏糊状,表面光滑平整,回弹量小。喷射作业过程中,除喷射手外,根据坡面地形条件、输料管长度等情况,一般还应安排人员辅助喷射手施工,如辅助理管、铲除回弹料等,如图 4-1-18 所示。

图 4-1-18　喷射作业

(5)养护。砂浆或混凝土初凝后,应立即开始养生,养护期一般为 5 ~ 7d。

4)施工注意事项

(1)喷射作业顺序应自下而上进行,喷枪嘴应垂直坡面,并与坡面保持 0.6 ~ 1.0m 的距离。

(2)喷浆完成后,应及时对喷浆层顶部进行封闭处理。

(3)坡脚岩石风化比较严重时,应设高 1 ~ 2m、顶宽 40cm 的浆砌片石护裙。

(4)为防止堵塞,输料管直径以 20 ~ 30m 为宜,其喷射工作压力为 0.15 ~ 0.20MPa。喷嘴供水压力要比喷射工作压力大 0.05 ~ 0.10MPa,以保证水与干料拌和均匀。

(5)喷浆施工严禁在结冰季节或大雨中进行作业。

(6)为保证施工安全,喷枪手应佩戴防护面罩,穿防尘服,其他参加施工人员应戴防尘口罩。

(7)喷射作业时应按要求制取试件,在标准条件下养护 28d 后试压,作为喷浆或喷射混凝土的强度标准。

(8)喷护工程应经常检查维修,有杂草及时拔除,开裂处要及时灌浆勾缝,脱落处要及时补喷。

2. 锚杆挂网喷护

1)适用条件

当坡面岩体风化破碎严重时,为了加强防护的稳定性,则采用锚杆挂网喷护,如图4-1-19所

62

示。锚杆挂网喷护是"锚杆+钢筋网+喷混凝土(喷浆)"的联合支护形式,锚杆常用 B16~32mm 钢筋制作,钢筋网采用 4~10mm 的圆钢筋编制而成,孔径视边坡岩石情况而定,一般为 10cm。

图 4-1-19　锚杆挂网喷护

2)施工流程

锚杆挂网喷护施工流程如图 4-1-20 所示。

(1)清理坡面。将坡面上的危石、杂草、树木、浮渣等清理干净。

(2)支架搭设。高速公路两边的高边坡较多,施工时采取分级开挖,分级支护。每级边坡垂直高度为 10m,防护施工为高空作业,因此要求施工排架必须牢固稳定,必要时要备安全绳及安全防护网。

(3)锚杆孔成孔。除满足设计要求外,还要注意成孔角度,锚杆孔尽量垂直自然坡面,以利于挂网。锚杆钻孔前应根据设计要求及坡面岩石情况,定出孔位并作标记。锚杆孔距误差不宜

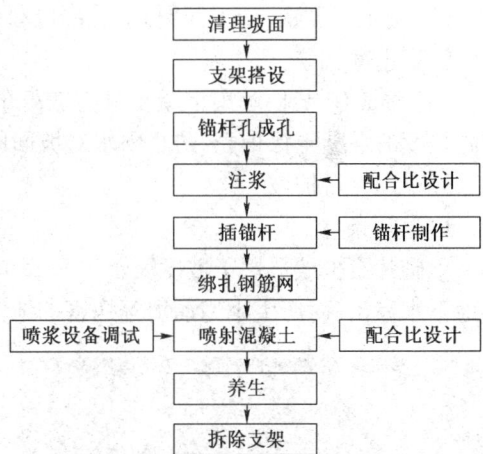

图 4-1-20　锚杆挂网喷护施工流程

超过 10cm。锚杆成孔方法详见"锚杆混凝土框架植草防护"中锚杆施工方法,此处不再详述。

(4)注浆。注浆前,应对注浆材料进行原材料试验检测。注浆材料及配合比满足以下要求。

①水泥:应采用强度等级不低于 42.5 的普通硅酸盐水泥。

②砂:宜采用中细砂,粒径不大于 2.5mm,使用前应过筛。

③砂浆配合比:水泥:砂 =1:1~1:2(质量比),水灰比为 0.38~0.45。

砂浆应拌和均匀,并随拌随用。注浆开始或中途停止超过 30min 时,应用水或稀水泥浆润滑注浆罐及其管路。注浆时,注浆管应插至距孔底 5~10cm 处,随砂浆的注入缓慢匀速拔出。杆体插入后,若孔口无砂浆溢出,应及时补注。一次拌和的砂浆应在初凝前用完,并严防石块及杂物混入。

(5)插锚杆。成孔后先进行注浆,注浆时若孔上无砂浆溢出应及时补浆,之后插入锚杆,注意锚杆稳定后,不要随意敲击,不准悬挂重物。锚杆杆体应平直、除锈、去污。

(6)绑扎钢筋网:铺设钢筋网时要随坡面起伏变化而变化,钢筋网平铺于坡面上,与坡面距离不得小于 20mm,并用钢筋锚钉固定。钢筋网与锚杆连接牢固,最好焊接。

63

(7)喷射混凝土和养生:详见"喷护施工"。

3)施工注意事项

(1)锚杆应嵌入稳固基岩内,锚固深度根据设计要求结合岩体性质确定。锚杆孔深应大于锚固长度200mm。

(2)钢筋保护层厚度不宜小于20mm。

(3)固定锚杆的砂浆应捣固密实,钢筋网应与锚杆连接牢固。

(4)铺设钢筋网前宜在岩面喷射一层混凝土,钢筋网与岩面的间隙宜为30mm,然后再喷射混凝土至设计厚度。

(5)喷射混凝土的厚度要均匀,钢筋网及锚杆不得外露。

(6)做好泄、排水孔和伸缩缝。

(7)养护过程中如发现剥落、外鼓、裂纹和露钢筋网时,应清理后补喷。

4)锚杆挂网喷护的优点

(1)技术先进成本低:与浆砌防护相比较先进,成本降低20%。

(2)施工速度快:施工简便,不受部位和方向的限制,不像浆砌防护那样受影响条件多,加快了施工进度。

(3)质量有保证:喷射混凝土具有较好的力学性能和整体性,可在坡面形成封闭的、具有较高强度的混凝土保护壳,防止雨水对坡面的冲刷破坏。

3. 干砌片石护坡

1)适用条件

干砌片石护坡适用于坡度缓于1:1.25的土质路堑边坡或边坡易受地表水冲刷以及有少量地下水渗出,而产生小型溜坍等病害的地段,图4-1-21所示。

图4-1-21　干砌片石护坡

2)施工注意事项

(1)干砌片石厚度一般为0.3m。当边坡为粉质土、松散的砂或粉砂土等易被冲蚀的土时,在干砌片石的下面应设厚度不小于100mm的碎石或砂砾垫层。

(2)干砌片石护坡基础应选用较大石块砌筑,如基础与排水沟相连,其基础应设在沟底以下,并按设计要求砌筑浆砌片石。

(3)施工时,应自下而上进行立砌(栽砌),砌块间彼此镶紧,接缝要错开,缝隙间用小石块填满塞紧。

(4)干砌片石施工质量标准见表4-1-1。

干砌片石施工质量标准　　　　　　　　　　　表4-1-1

项　次	检 查 项 目	规定值或允许偏差	检查方法和频率
1	厚度(mm)	±50	每100m² 抽查8点
2	顶面高程(mm)	±30	水准仪:每20m抽查5点
3	外形尺寸(mm)	±100	每20m或自然段,长宽各测5点
4	表面平整度(mm)	50	2米直尺:每20m测5点

4.浆砌片(卵)石护坡

1)适用条件

浆砌片(卵)石护坡适用于坡度缓于1∶1易风化的岩石边坡,以及坡面防护采用干砌片石不适宜或效果不好的边坡。对于严重潮湿或严重冻害的土质边坡,在未进行排水措施以前,则不宜采用浆砌片(卵)石护坡,如图4-1-22所示。

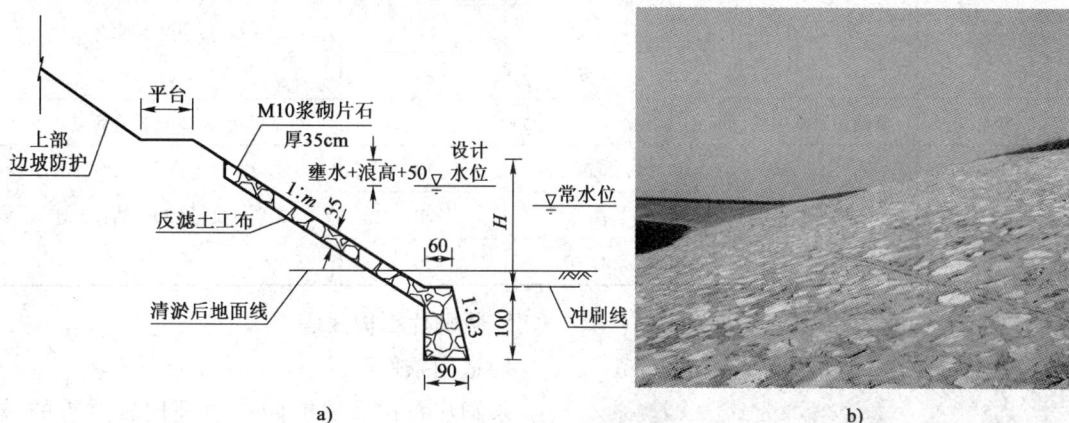

图4-1-22　浆砌片石(尺寸单位:cm)

a)护坡设计图;b) 施工完的护坡

2)一般规定

(1)浆砌片石护坡一般采用等截面,其厚度视边坡高度及坡度而定,一般为300~400mm。

(2)边坡过高时应分级设平台,每级高度不宜超过20m,平台宽度视上级护坡基础的稳固要求而定,一般不超过1m。

(3)护坡沿线路方向每隔10~15m应设伸缩缝一道,缝宽20~30mm。在基底地质有变化处,应设沉降缝,可将伸缩缝与沉降缝合并设置。

(4)在护坡的下部应留泄水孔。

(5)为便于养护维修检查,应在坡面适当位置设置0.6m宽的台阶形踏步。

(6)浆砌片石施工质量标准见表4-1-2。

3)施工注意事项

(1)当用于路堤边坡,应待路堤完成沉降后再施工。

(2)当护坡面积大,且边坡较陡或坡面变形较严重时,为增强护坡自身稳定性,可采用肋式护坡。

(3)砂浆终凝前,砌体应覆盖,砂浆初凝后,立即进行养生。

(4)在冻胀变化较大的土质边坡上,护坡底面应铺设100~150mm厚的碎石或砂砾垫层。

浆砌片石施工质量标准　　　　　　　　　　　　　　　　　　　表4-1-2

项　次	检 查 项 目	规定值或允许偏差		检查方法和频率
1	砂浆强度	不小于设计强度		每1工作台2组试件
2	顶面高程(mm)	料、块石	±15	水准仪:每20m抽查5点
		片石	±20	
3	底面高程(mm)	−20		

65

项　次	检查项目	规定值或允许偏差		检查方法和频率
4	坡度或垂直度(%)	料、块石	0.3	吊垂线：每20m抽查5点
		片石	0.5	
5	断面尺寸(mm)	料、混凝土块	±20	尺量：每20m抽查5点
		块石	±30	
		片石	±50	
6	墙面距路基中线(mm)	±50		尺量：每20m抽查5点
7	表面平整度(mm)	料、混凝土块	10	2米直尺：每20m抽查5处
		块石	20	
		片石	30	

图4-1-23　菱形窗式护面墙

5. 浆砌片石护面墙

1）适用条件

浆砌片石护面墙能防护治理比较严重的坡面变形,适用于各种土质边坡及易风化剥落而破碎的岩石边坡。在公路工程中,护面墙多用于覆盖各种软质岩石层和较破碎岩石的挖方边坡防护,如易风化的云母片岩、绿片岩、泥质页岩、千枚岩及其他风化严重的软质岩层和较破碎的岩石地段的坡面防护,以防止自然因素的影响继续风化破坏。护面墙在高速公路路堑边坡防护中应用比较普遍,且边坡稳定,效果较好,见图4-1-23和图4-1-24。

浆砌片石护面墙有实体护面、窗孔式护面墙、拱式护面墙及肋式护面墙,各种护面墙的具体适用条件见表4-1-3。

浆砌片石护面墙分类及适用条件　　　　　　　　　　　　　　　　　表4-1-3

分类要素	名　称	适用条件	备　注
根据边坡的高度、坡度及岩石破碎情况	实体护面墙	土质及破碎岩石边坡	分等截面和变截面两种形式
	窗孔式护面墙	边坡缓于1:0.75时	窗孔内采用捶面或干砌片石
	肋式护面墙	边坡岩层较完整且坡度较陡时	
	拱式护面墙	边坡下部岩层较完整而需防护上部边坡时	

2）实体护面墙

实体护面墙分等截面和变截面两种。

(1)等截面护面墙厚度一般为0.5m,其高度为:当边坡为1:0.3~1:0.5时,不宜超过6m;当边坡缓于1:0.5~1:1时,不宜超过10m。

(2)变截面护面墙墙顶宽度b一般为0.4m,底宽B根据墙高而定。

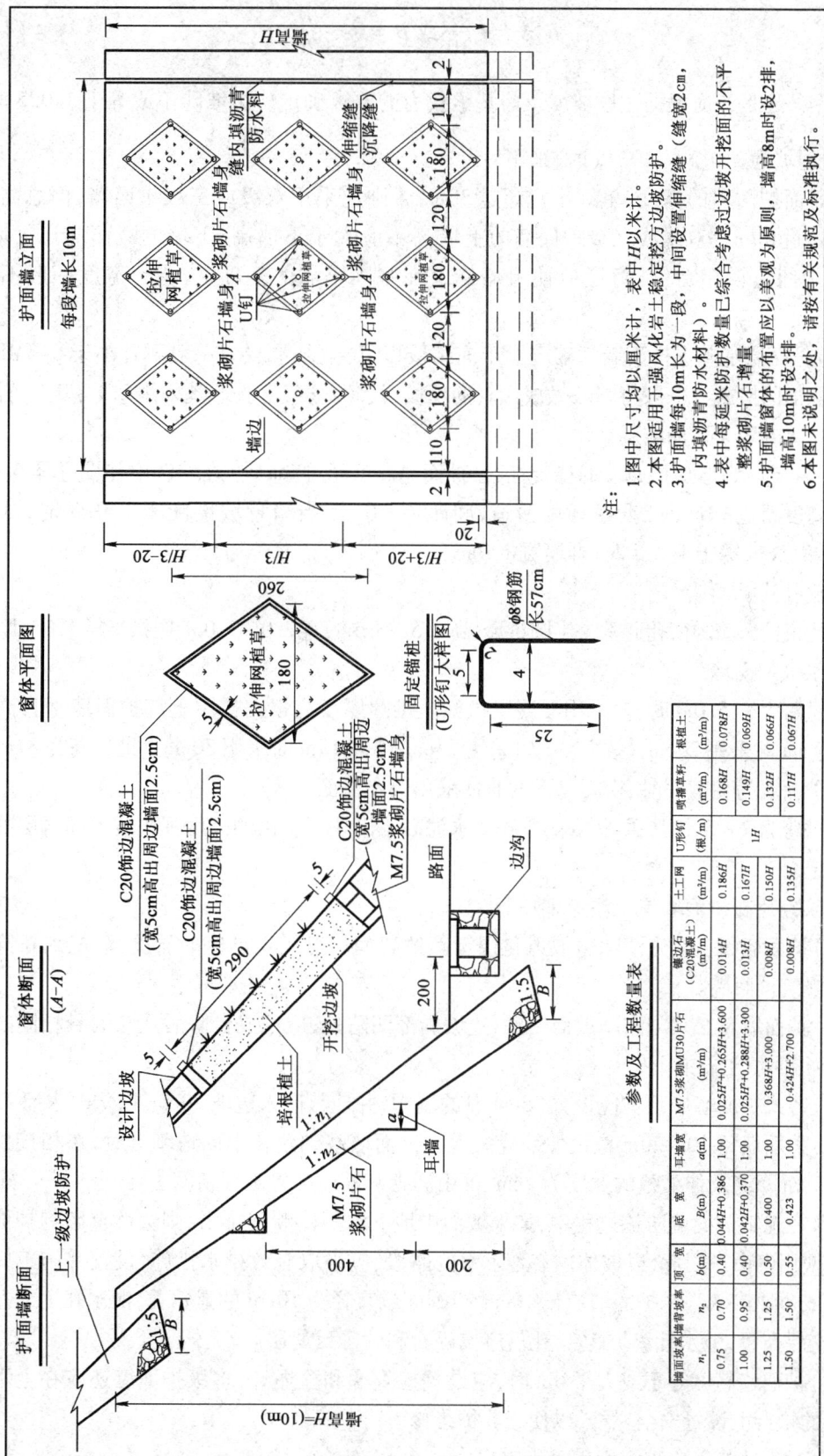

护面墙立面

窗体平面图

窗体断面 (A—A)

护面墙断面

固定锚桩（U形钉大样图）

φ8钢筋 长57cm

注：
1. 图中尺寸均以厘米计，表中H以米计。
2. 本图适用于强风化岩石边坡防护。
3. 护面墙每10m长为一段，中间设置伸缩缝（缝宽2cm，内填沥青防水材料）。
4. 表中每延米防护数量已综合考虑过边坡开挖面的不平整浆砌片石增量。
5. 护面墙窗体的布置应以美观为原则，墙高8m时设2排，墙高10m时设3排。
6. 本图未说明之处，请按有关规范及标准执行。

参数及工程数量表

墙面坡率 n_1	墙背坡率 n_2	顶宽 b(m)	底宽 B(m)	耳墙宽 a(m)	M7.5浆砌MU30片石 (m³/m)	镶边石(C20混凝土) (m³/m)
0.75	0.70	0.40	0.044H+0.386	1.00	0.025H²+0.265H+3.600	0.014H
1.00	0.95	0.40	0.042H+0.370	1.00	0.025H²+0.288H+3.300	0.013H
1.25	1.25	0.50	0.400	1.00	0.368H+3.000	0.008H
1.50	1.50	0.55	0.423	1.00	0.424H+2.700	0.008H

菱形窗式绿化护面

土工网 (m²/m)	U形钉 (根/m)	喷播草籽 (m²/m)	根植土 (m³/m)
0.186H		0.168H	0.078H
0.167H	1H	0.149H	0.069H
0.150H		0.132H	0.066H
0.135H		0.117H	0.067H

图4-1-24　菱形窗式绿化护面墙设计图

$$B = b + \frac{H}{10} \text{ 或 } B = b + \frac{H}{20} \qquad\qquad (4\text{-}1\text{-}1)$$

采用 $\frac{H}{10}$ 还是 $\frac{H}{20}$ 应根据边坡坡度及墙基承载力的要求确定。边坡陡于或等于 1:0.5 时,采用前者;边坡为 1:0.5 ~ 0.75 时,采用后者。

变截面护面墙的高度,单级不宜超过 20m,否则应采用双级或三级护面墙,但总高度一般不宜超过 30m。双线或三级护面墙的上墙高不应大于下墙高,下墙的截面应比上墙大,上下墙之间应设错台,其宽度应使上墙修筑在坚固牢靠的基础上,错台宽度一般不宜小于 1m。

(3)护面墙基础。护面墙基础应置于冻结线以下,地基承载力一般不宜小于 0.3MPa,否则应采取加固措施。一般将墙底做成倾斜的反坡,其倾斜度,土质地基采用 0.1 ~ 0.2,岩石地基采用 0.2 或等于墙面坡度。

(4)耳墙。为增加护面墙的稳定性,当护面墙高度超过 8m 时,在墙背中部设置耳墙一道;护面墙高度超过 13m 时,设置耳墙两道,间距 4 ~ 6m。当墙背坡度陡于 1:0.5 时,耳墙宽 0.5m;墙背坡度缓于 1:0.5 时,耳墙宽 1.0m。

3)窗孔式护面墙

窗孔式护面墙的窗孔通常为半圆拱形,高 2.5 ~ 3.5m,宽 2.0 ~ 3.0m,圆拱半径 1.0 ~ 1.5m。

4)拱式护面墙

当拱跨大于 5.0m 时,多采用混凝土拱圈。拱圈厚度应根据拱圈上部护面墙垂直高度而定,墙高 5m 时采用 20cm;墙高 10m 时采用 24cm;墙高 15m 时采用 30cm。拱矢高为 81cm。

当护面墙为变截面时,拱圈以下的肋柱采用等厚截面。

当拱跨为 2 ~ 3m 时,拱圈可采用 M10 水泥砂浆砌块石。拱的高度视边坡下部岩层的完整程度而定。

5)浆砌片石护面墙施工注意事项

(1)护面墙施工应先清除边坡风化层至新鲜岩面。对风化迅速的岩层,清挖到新鲜岩面后立即修筑护面墙。

(2)护面墙背必须与路基坡面密贴,边坡局部凹陷处,应挖成台阶后用与墙身相同的圬工砌补,不得回填土石或干砌片石。

(2)各式护面墙墙顶均应设置 25cm 厚的墙帽,并使其嵌入边坡 20cm,以防雨水灌入。

(3)护面墙每 10 ~ 20m 应设伸缩缝一道。护面墙基础建在不同地基上时,在相接处应设沉降缝。沉降缝及伸缩缝的宽度为 2cm,可用沥青麻筋或沥青木板填塞。

(4)在施工护面墙防护过程中,如果坡面中地下水不能顺利排出,则会严重影响护面墙的稳定和使用寿命。因此,以坡体内有地下水的路段,应采取有效排水措施,设置并施工好倾斜排水孔或边坡渗水沟。护面墙应设 10cm × 10cm 或直径为 10cm 的泄水孔,泄水孔上下左右间隔 3m 交错布置,泄水孔纵坡 5%,孔后应设碎石和砂砾反滤层。

(5)护面墙高度等于或大于 6m 时,应设置检查梯和拴绳环,多级护面墙还应在上下检查梯之间的错台上设置安全栏杆,以便于养护维修。

(6)护面墙施工应重视洒水养生工作。

四、封面、捶面防护

1. 封面防护

1）适用条件

封面防护适用于尚未严重风化的各种易风化岩石的路堑边坡，如页岩、泥岩、泥灰岩、千枚岩等。

2）一般要求

（1）封面防护的坡度不受限制，但坡面应较干燥。封面厚度 3 ~ 7cm，分为 2 ~ 3 层，使用年限 8 ~ 10 年。

（2）封面不能承受荷载，不能承受土压力，要求边坡必须平整、干燥、稳定。

（3）封面工程的周边及未防护的坡面衔接处应严格封闭。可在边坡顶部作断面为20cm×20cm 的小型截水沟，沟底及沟帮可用砂浆封面，厚度为10cm；也可在坡顶凿槽，槽深不小于10cm，并和相衔接边面平顺；坡脚宜设 1 ~ 2cm 高的浆砌片石护坡。

（4）在软石岩层相间的边坡上，仅对软岩层封面时，在软硬分界处，封面应嵌入硬岩层至少 10cm。

（5）大面积封面时，每隔 5 ~ 10m 应设伸缩缝一道，缝宽 1 ~ 2cm，缝内用沥青麻筋或油填充。

（6）根据当地气候条件，若需增强封面的抗冲蚀能力和防止表面开裂而对外观要求不高时，可在表面涂沥青保护层。

（7）封面材料的配合比，可根据当地的材料情况选择。水泥砂浆为1:3 ~ 1:4（体积比），水泥石灰砂浆为1:2:9（体积比）。

（8）封面防护施工质量标准见表4-1-4。

封面、捶面防护施工质量标准　　　　　　　　　　表 4-1-4

项　　次	检 查 项 目	规定值或允许偏差	检查方法和频率
1	厚度	+20%、-10%	每 10m 检查 1 个断面，每 3m 检查 2 个点

3）施工注意事项

（1）封面前岩体表面要冲洗干净，土体表面要平整、密实、湿润。

（2）封面前边坡上大的凹陷应用浆砌片石嵌补，宽的裂缝应灌浆。

（3）对岩石较坚硬而不易风化的挖方边坡，为防止水分渗入岩石裂隙造成病害，可视裂隙的深浅与宽窄，分别予以灌缝与勾缝。

（4）封面不宜在严寒季节、雨天及日照强烈时施工，其适宜的气温为 4 ~ 30℃。

（5）封面工程应经常检查维修，如发现裂纹或脱落，要及时灌浆修补。

2. 捶面防护

1）适用条件

捶面适用于易受冲刷的土质边坡或易受风化剥落的岩石边坡，边坡坡度不大于1:0.5，使用年限为 10 ~ 15 年。

2）一般要求

（1）捶面厚度为 10 ~ 15cm，一般采用等厚截面。当边坡较高时，采用上薄下厚截面。

（2）捶面护坡与未防护坡面衔接处应封闭，措施与封面相同。

（3）捶面材料及配合比：

①捶面材料常用水泥、石灰、砂子、炉渣、黏土等。

②材料配合比应根据材料的情况选择，一般情况下为水泥:石灰:砂子:炉渣 = 1:3:6:9（质量比）；石灰:黏土:砂子:炉渣 = 1:2.5:5:9（质量比）；水泥:砂子:炉渣 = 1:3:7（质量比）；石灰:黏土:炉渣 = 1:1:4（体积比）。

（4）捶面不能承受荷载，不能承受土压力，要求边坡必须平整、干燥、稳定。

（5）捶面防护施工质量标准见表4-1-4。

3）施工注意事项

（1）捶面前应清理坡面，当边坡有坑凹时，应填补处理。在土质边坡上，为使捶面与坡面贴牢，可在坡面挖小台阶或锯齿，齿深 5 ~ 10cm，间隔 50 ~ 100cm。

（2）捶面施工时先洒石灰水润湿坡面，捶面夯拍用力要均匀，提浆要及时，提浆后 2 ~ 3h，进行洒水养护 3 ~ 5d。

（3）伸缩缝设置、边坡封顶、排水、养生方法、气候要求与封面防护施工要求相同。

工作任务二　路基冲刷防护

🖌 学习目标

1. 叙述路基冲刷防护常用的措施；
2. 知道路基冲刷防护类型的适用条件和施工工艺；
3. 分析路基冲刷防护类型的优缺点，选择合适的防护类型；
4. 根据公路路基施工技术规范，完成冲刷防护施工技术作业；
5. 正确完成给定的具体路基工程，选择适当的冲刷防护措施，编制施工工艺流程。

🖌 任务描述

通过完成本任务，要明确公路路基冲刷防护常采用的措施及各种措施的适用条件。针对具体的路基实例，应能提出切实可行的冲刷防护方案，编制出相应的施工流程和施工注意事项。

🖌 学习引导

本工作任务沿着以下脉络进行学习：

🖌 相关知识

山区公路沿河路线或傍水库线路，因河流的天然演变，路基及岸坡会经常地或周期性地受到水流的冲刷作用。为了保证公路路基及岸坡的稳固和安全，必须采取有效的冲刷防护措施，对路基进行防护。

沿河路基防护一般分直接和间接防护两种，各种防护措施详见表4-2-1。

序　　号	防护方法	方法名称	说　　明
1	直接防护	抛石(或堆石)防护	主要用于水下边坡,应用很广
2		干砌片石防护	适用于周期性浸水的位于河滩或台地边缘的路基边坡
3		浆砌片石防护	适用于经常浸水的受主流冲刷或受较强烈的波浪作用的路基边坡和河岸及水库边岸
4		石笼防护	具有较好的强度和柔性,采用垒砌形式
5		浸水挡土墙防护	适用于在峡谷急流的河段
6	间接防护	导流坝	常用的有挑水坝和顺水坝
7		防护林带	适宜于被防护的路基外侧有宽阔的河滩或仅在洪水时才被淹没的台地
8		改河道	适用于山区及半山区河道弯曲不规则的河段

一、直 接 防 护

所谓直接防护就是对边坡直接加固,以抵抗水流的冲刷及淘刷作用。

直接防护适用条件为水流流速不太大、流向与河岸路基接近平行的地段,或者路基位于宽阔的河滩、凸岸及台地边缘等水流破坏作用较弱的地段。若在山区河流狭窄的地段,虽然纵坡陡,流速大,破坏作用较强烈,但因受地形条件的限制,很难改变水流的性质,不得不采取直接加固的方法。

1.抛石(或堆石)防护

1)适用条件与作用

抛石防护(图4-2-1)应用范围很广,主要用于稳固水下边坡。对于经常浸水且水较深地段的路基边坡防护及洪水季节防洪抢险更为常用。

抛石可以防止水下边坡遭受水流冲刷和波浪对路基边坡的破坏,以及淘空坡脚。

2)一般规定

(1)石料选取。抛石防护类似在坡脚处设置护脚,所抛石料应选用坚硬不易风化的石料。抛石

图 4-2-1　抛石防护

的粒径大小与水流速度、水深、浪高及边坡坡度有关,石料粒径一般为300~500mm,其石料粒径与水深、流速的关系见表4-2-2。为了使抛石有一定的密实度,宜用大小不同的石块掺杂抛投。

抛石粒径与水深、流速的关系　　　　　　　　　　　表 4-2-2

抛石粒径 (cm)	水深(m)				
	0.4	1.0	2.0	3.0	5.0
	容许流速(m/s)				
15	2.70	3.00	3.40	3.70	4.00
20	3.15	3.45	3.90	4.20	4.50
30	3.50	3.95	4.25	4.45	5.00
40	—	4.30	4.45	4.80	5.05
50	—	—	4.85	5.00	5.40

抛石尺寸可按下式计算：

$$D = \frac{v^2}{(\Delta - \Delta_0)A^2\cos\alpha}$$ (4-2-1)

式中：D——石块平均粒径，m；

  v——石块被水流移动的临界流速，m/s；

  Δ、Δ_0——石块的重度（kN/m³）及水的相对密度；

  A——系数，块石在河底移动时，$A = 3.8$，块石在抛石上移动时，$A = 5.3$；

  α——抛石堆表面与水平线的倾角。

（2）抛石坡度。抛石切忌乱抛，抛石坡度应根据水深、流速和波浪情况确定。抛石边坡坡度值见表4-2-3。

抛石边坡坡度值 表4-2-3

水文条件	采用边坡	水文条件	采用边坡
水浅，流速较小	1:1.2～1:2.5	水深大于6m，在急流中施工	缓于1:2
水深2～6m，流速较大，波浪汹涌	1:2～1:3		

（3）抛石厚度。宜为粒径的3～4倍；用大粒径时，不得小于2倍。

（4）抛石类型。常用的抛石类型有普通抛石和带反滤层抛石。反滤层的作用是为了在洪水退走后，使路堤本身迅速干燥，减少路基土被冲走，适用于黏质土路堤并应在枯水时施工。反滤层一般分层设置，从里向外第一层可用10～15cm厚的粗中砂；第二层可用厚10～20cm，粒径为1～3cm的砾石；第三层可用厚度为20cm的碎石或卵石。

3）施工注意事项

（1）抛石防护石堆的顶面高程，应为设计水位加上波浪侵袭、壅水高度及0.5m的安全高度。基底埋设在冲刷深度以下不小于1.0m或嵌入基岩内。顶部宽度应不小于1.0m，底部尺寸由抛石顶外侧，按抛石外侧坡度放坡与河底的交点到边坡坡脚的距离确定。

（2）对于波浪很强烈的水库边岸防护或海岸防护，当需要的石块尺寸及质量过大时，可采用混凝土预制的异形块体作为护面抛投或铺砌材料。

（3）除特殊情况外，抛石防护宜在枯水季节施工。

2. 干砌片石防护

1）适用条件

干砌片石适用于易受水流侵蚀的土质边坡、严重剥落的软质岩石边坡、周期性浸水及受冲刷轻且流速为2～4m/s的河岸路基及边坡。根据护坡的厚度常分为单层干砌片石和双层干砌片石两种。

2）一般规定

（1）石料应选用未风化的坚硬岩石。

（2）干砌片石时，不得大面平铺，石块应彼此交错搭接，不得松动。

3）施工注意事项

（1）为了防止边坡内的细粒土被水流冲淘出来和增加护坡的弹性，以抵抗外力的冲击作用，在干砌护坡面层与边坡土之间设置1～2层砂砾垫层，垫层厚度10～15cm。

（2）干砌片石护坡砌筑前应先夯实整平边坡，砌筑石块要互相嵌紧，以增强护坡的稳定性。

（3）干砌护坡顶的高度应为路基设计洪水位高加可能的壅水高、波浪侵袭高，再加 0.5m 的安全高度。

（4）护坡基础应按可能的最大冲刷深度处理。当冲刷深度为 1.0m 时，可采用墈石铺砌基础，其断面常用倒梯形，表面宽度不小于冲刷深度的 1.5 倍。墈石铺砌表层石块宜用比护坡石块宽度更大尺寸的。当冲刷深度大于 1.0m 时，宜用浆砌片石脚墙基础并埋置在冲刷深度线以下。

（5）干砌护坡厚度等于或大于 35cm 时，应采用双层铺砌。双层铺砌时应注意上下层之间的石块要很好地咬合嵌紧，上层石块的尺寸应大于下层石块的尺寸。

3. 浆砌片石防护

1）适用条件

浆砌片石护坡适用于经常浸水的受水流冲刷或受较强烈的波浪作用的路基边坡防护和河岸及水库边岸防护，亦可用于有流冰及封冻的河岸边坡防护。

2）一般规定

（1）砌筑护坡的石料宜选用坚硬、耐冻、未风化的石料，其抗压强度不小于 30MPa。

（2）用于冲刷防护的浆砌片石护坡的最小厚度一般不小于 35cm，并采用双层浆砌，在非严寒地区可使用 M7.5 砂浆，在严寒地区应使用 M10 砂浆。

（3）浆砌片石护坡应设适当厚度的垫层。当护坡厚度较大时，可采用厚度为 15～25cm 的砂砾垫层。砌筑前坡面应整平拍实。

（4）用于冲刷防护的浆砌片石护坡基础以脚墙为好。当冲刷深度小于 3.5m 时，可将基础直接埋置在冲刷深度线以下 0.5～1.0m，并考虑基础底面置于河槽最深点以下。当冲刷深度更深时，可将基础埋置在冲刷深度线以上较稳定的且有足够承载力的地层内，而在基脚前采用适当的平面防淘措施。

（5）浆砌片石护坡应设置伸缩缝，间距 10～15m，缝宽 2cm，用沥青麻筋或沥青木板填塞。

（6）为了排除护坡可能的积水，应在护坡的中下部设置交错排列的泄水孔，可采用 10cm×15cm 的矩形孔或直径为 10cm 的圆形孔，孔的间距为 2～3m。泄水孔后附近范围内应设反滤层，以防淤塞。

4. 石笼防护

1）适用条件

石笼是河床加固和路堤防止冲刷效果较好的柔性体防护。铁丝石笼能经受较高流速的冲刷，一般可抵抗 4～5m/s 的流速，体积大的可抵抗 5～6m/s 的流速，允许波浪高 1.5～1.8m 的水流。因此，石笼防护适用于水流含有大量泥沙及基底地质良好的路基边坡，如 4-2-2 所示。

图 4-2-2　石笼防护

2)石笼防护的优缺点

石笼防护的优点是具有较好的强度和柔性,而且可利用较小的石料。当水流中含有大量泥沙时,石笼中的空隙能很快淤满,而形成一个整体的防护层。缺点是铁丝网易锈蚀,使用年限一般只有 8～12 年。当水流中带有较多的滚石时,容易将铁丝网冲破,此时一般不宜采用。

3)石笼制作

(1)石笼网可用镀锌铁丝和普通铁丝编织。规则形状的石笼应用 6～8mm 的钢筋组成框架,然后编织网格。网孔形状以六角形为好,常用的网孔尺寸有 6cm×8cm、8cm×10cm、10cm×12cm、12cm×15cm 等。具体采用何种规格应根据填充石料的最大粒径确定,网孔宜略小于最大粒径。编网时宜用双结,以防网孔变形。

(2)石笼的外形一般为箱形和圆柱形。石笼的断面尺寸,长方体常采用宽 1.0m,高 1.0m;扁长方体一般采用宽 1.0m,高 0.5m;圆柱体的直径一般采用 0.5～1.0m。

(3)石笼的长度可按需要而定,但每隔 3～4m 应设置横向框架一道。当石笼全长小于或等于 12m 时,纵向框架筋宜用 6mm 钢筋;当石笼长大于 12m 时,纵向框架筋宜用 8mm 钢筋;横向框架可用 6mm 钢筋。

(4)底层为扁长方体石笼一端的上下纵向主骨架筋可做成挂环,以便于锚定石笼。骨架筋的连接宜采用环绕自身紧缠 3 圈的扭结,以防石笼受力下垂时被拉散。

(5)长方体和扁长方体的笼盖与笼体的连接以及相邻石笼之间的连接,可沿连接线每隔0.2m 用铁丝对折成双线绕两圈扭三个花。

4)一般规定

(1)应选用浸水不崩解、不易风化的石料。

(2)基底应大致整平,必要时用碎石或砾石垫层找平。

(3)石笼应做到位置正确,搭叠衔接稳固、紧密,确保整体性。

(4)石笼防护施工质量应符合表 4-2-4 的规定。

石笼防护施工质量标准　　　　　　　　　　　　　表 4-2-4

项次	检查项目	规定值或允许偏差	检查方法和频率
1	平面位置(mm)	符合设计要求	经纬仪:按设计图控制坐标检查
2	长度(mm)	不小于设计长度 -300	尺量:每个(段)检查
3	宽度(mm)	不小于设计长度 -200	尺量:每个(段)量 8 处
4	高度(mm)	不小于设计	水准仪或尺量:每个(段)检查 8 处
5	底面高程(mm)	不高于设计	水准仪:每个(段)检查 8 点

5)施工注意事项

(1)石笼防护用于防护岸时,一般采用垒砌形式,只有当边坡坡度等于或缓于 1:2 时才采用平铺形式。

(2)用于防护基础淘刷时,一般采用平铺于河床并与坡脚线垂直安放,同时将与基础连接处钉牢固定,其铺设长度不宜小于河床冲刷深度的 1.5～2 倍。

(3)贴近网孔的外层应用较大的石块仔细码砌,并使石块的棱角突出网孔以外,以利保护铁丝网;内层可用较小的石块填充。

(4)为了施工方便,石笼防护应在枯水季节施工。

5.浸水挡土墙防护

挡土墙是用来支撑陡坡以保持土体稳定的一种构造物,它所承受的主要荷载是土压力。浸水挡土墙是挡土墙众多种类中的一种,其作用是避免沿河路基挤缩河床,防止水流冲刷路基。因此,浸水挡土墙防护适用在峡谷急流的河段,因地形限制不宜设置其他类型的冲刷防护时,如图4-2-3所示。用于冲刷防护的挡土墙,应按浸水条件及所受土压力、水流作用力或波浪作用力等荷载的最不利组合进行设计。

浸水挡土墙应选用坚硬未风化且浸水不崩解的石块。

图4-2-3　浸水挡土墙

浸水挡土墙的基础应妥善处理,最好埋置在不被冲刷的岩层上。对于可能被冲刷的河床地层,则应将基础埋置在冲刷深度线以下不小于1.0m。若冲刷深度很深时,应根据河床的地质情况采用桩基础或连续墙基础,或者在有条件时采用平面防淘措施。

为了减小墙后的渗透压力和排除墙后积水,应根据当地自然条件和墙后可能积水情况设置适当的集水和排水设施。

浸水挡土墙的施工详见工作任务三路基防滑防护。

二、间 接 防 护

间接防护是用导流或阻流的方法来改变水流的性质,或者迫使主流流向偏离被防护的地段,或者改变河槽中冲刷和淤积的部位,以间接地防护河岸路基。

间接防护的适用条件为河床较宽、冲刷和淤积大致平衡、水流性质较易改变的河段;有些地方可以顺河势布置横向导流建筑物时,可采用挑水坝;当防护地段较长时,则更适宜。其优点是防护效果好,而且工程费用也比直接防护少。对于不宜过多地侵占河槽的情况,则宜采用顺水坝使水流偏转,以达到防护的目的。

采用间接防护时,或多或少地侵占了一部分河床断面,因而不同程度地压缩和紊乱了原来的水流,加重了其他地方的冲刷和淘刷作用。所以应特别注意修建这类防护建筑物后对被防护地段上下游及对岸的影响,应防止对农田水利、居民点及重要建筑物造成损害而引起纠纷。

1.导流坝

常用的导流坝有挑水坝和顺水坝,挑水坝也叫丁坝。

1)挑水坝

挑水坝的作用是迫使水流改变方向离开被防护的河岸。挑水坝压缩水流断面较多,能强烈地扰乱原来的水流。单个挑水坝起不到防护作用,必须是成群布置。

挑水坝可由柴排及乱石堆砌而成,或砌片石。其断面一般采用梯形,坝身的顶宽一般为2~3m,坝头顶宽3~4m,下游边坡较缓。一般为1:1.5~1:2,上游为1:1.0~1:1.5。坝的长度不宜太长,一般不超过稳定河宽的1/4。挑水坝的布置间距,山区弯曲河段可考虑为坝长的1~2.5倍;顺直河段则为坝长的3~4倍。

由于挑水坝坝根与河岸相接,容易被冲开而使挑水坝失去作用,所以应结合地质及水流特点将坝根嵌入岸边3~5m,并在上下游加设防冲刷设施。

挑水坝群的布置形式有上挑、下挑及垂直布置。上挑式坝轴线与水流方向的夹角小于90°，下挑式坝轴线与水流方向的夹角大于90°，垂直布置坝轴线与水流方向的夹角为90°。按洪水淹没情况又分为漫水式和不漫水式。不漫水的挑水坝宜布置成下挑式，以减轻水流对坝头的冲击作用。漫水的挑水坝宜布置成垂直或上挑式，以减低坝顶溢流的流速。在平原、半山区的宽浅河段，水流易于摆动，当流速和冲刷力不大时，也可将漫水水坝布置成垂直或上挑的形式，以促进坝间淤积，较快地形成新岸。

2）顺水坝

顺水坝常与水流平行，导流建筑物的轴线大体沿导治线的边缘线布置。顺水坝的作用是使水流较匀顺和缓地改变方向，偏离被防护的河岸。

顺水坝压缩水流断面较少，并不扰乱或很少扰乱原来的水流，不致引起过大的冲刷，坝体和基础的防护均可较轻。但坝的全长与被防护地段的长度相等，故造价较高。

顺水坝的结构，大体与挑水坝相同。坝头受力比挑水坝小，一般无需加宽，顶宽 1~2m，迎水面边坡为 1:1.5~1:2.5，背水边坡为 1:1~1:1.5。坝的长度为防止冲刷河岸长的 2/3。

顺水坝的起点应选择在水流匀顺的过渡地段，坝根应牢固嵌入河岸 3~5m，终点可与河岸连在一起，下游端与河岸留有缺口，以宣泄坝后水流。顺水坝一般以漫水式居多，坝顶与中水位齐平。

2. 防护林带

植林须有适宜的条件，主要应该有利于林带的成活和快速生长，适宜于被防护的路基外侧有宽阔的河滩或仅在洪水时才被淹没的台地，河滩及台地的土质适宜树木生成，有洪水时的流速不大于 3.0m/s。

防护林带的作用是洪水期使流速降低，减缓冲刷，泥沙沉积，从而起到防护的效果。

防护林带最适宜栽植杨柳类的乔木和灌木。其特点是生长快，对土的要求低，根系发达，枝梢茂密，较长期经受水淹而仍能成活。栽培时宜成行，行列可与水流方向成正交或逆水方向斜交约 45°。当水流流速小于 1.0m/s 时，可用单棵插枝法；当流速大于 1.0m/s 时，宜用成束插枝法，每束 5~6 棵。插枝时应插在预先挖好的小圆穴内并注意培土。林带的边缘部分易受水流冲击，应采用编笆插枝法。在预先挖好的引水沟内成束插枝并按棵距钉入木桩，用长约 1.5~2.0m 的柳条组成编笆。林带的行距宜为 0.8~1.5m，棵距 0.4~0.8m。

沿河岸或路基护脚，宜采用灌木与乔木间植，并每隔 10~20m 的相等间距设置编笆一道，以促使泥沙淤积，防止坡脚冲刷。

植树宜在秋末季节进行。

防护林带的布置应按导流堤设计原理，即应为顺上游流势的圆顺曲线。由水流的边缘轮廓线至被防护的河岸或路基坡脚之间，按规定的行距和棵距整片栽植，行列的方向宜逆水方向倾斜 45°。

3. 改河道防护

改河道防护适用于山区及半山区河道弯曲不规则的河段，通过改弯取直或将急转弯改圆顺，以达到路基防护的目的。

改沟道防护时，挖河道的工程量较大，施工时应组织机械设备赶在洪水期之前完成，以保证已施工路基的安全。

改河施工时，应按设计要求开挖河道及处理弃方。

工作任务三　路基防滑防护

✎ **学习目标**

1. 叙述路基防滑防护常用的防护类型；
2. 知道路基防滑防护类型的适用条件和施工工艺；
3. 分析路基防滑防护类型的优缺点，选择合适的防护类型；
4. 根据公路路基施工技术规范，完成防滑防护施工技术作业；
5. 正确完成给定的具体路基工程，选择适当的防滑防护措施，编制施工工艺流程。

✎ **任务描述**

通过完成本任务，要明确公路路基防滑防护常采用的措施及各种措施的适用条件。针对具体的路基实例，应能提出切实可行的防滑防护方案，编制出相应的施工流程和施工注意事项。

✎ **学习引导**

本工作任务沿着以下脉络进行学习：

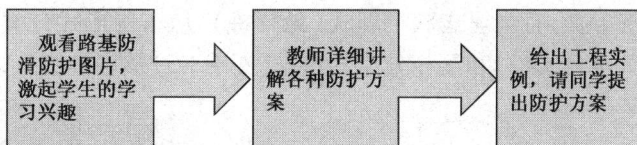

观看路基防滑防护图片，激起学生的学习兴趣 → 教师详细讲解各种防护方案 → 给出工程实例，请同学提出防护方案

✎ **相关知识**

公路滑坡的防护与加固主要应根据滑裂面情况，采取防滑加固措施。一般公路滑坡防护常用的方法有抗滑桩、挡土墙、预应力锚索、预应力土层锚杆等。

1. 抗滑桩

桩是深入土层或岩层的柱形构件。抗滑桩的工作原理是通过桩身将上部承受的坡体推力传给桩下部的侧向土体或岩体，依靠桩下部的侧向阻力来承担边坡的下推力，而使边坡保持平衡或稳定，如图 4-3-1 和图 4-3-2 所示。抗滑桩与一般桩基类似，但主要是承担水平荷载，抗滑桩是边坡工程中常见常用的处治方案之一。

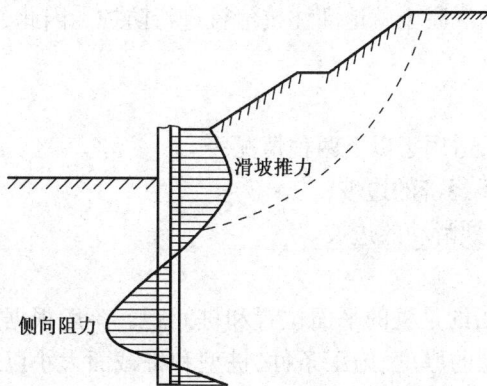

图 4-3-1　抗滑桩工作原理示意图

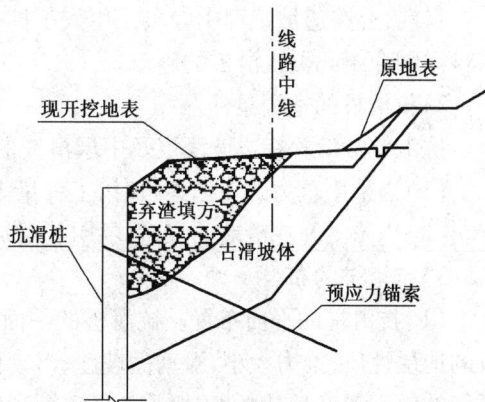

图 4-3-2　抗滑桩设计剖面图

1）抗滑桩的类型

抗滑桩按材质分类，有木桩、钢桩、钢筋混凝土桩（本书的主要讲解桩型）和组合桩。

抗滑桩按成桩方法分类，有打入桩、静压桩、就地灌注桩。就地灌注桩分为沉管灌注桩和钻孔灌注桩两大类。在常用的钻孔灌注桩中，又分机械钻孔和人工挖孔桩。

抗滑桩按结构形式分类，有单桩、排桩、群桩和有锚桩，排桩形式常见的有椅式桩墙、门式刚架桩墙、排架抗滑桩墙（图4-3-3），有锚桩常见的有锚杆和锚索，锚杆有单锚和多锚，锚索抗滑桩多用单锚（图4-3-4）。

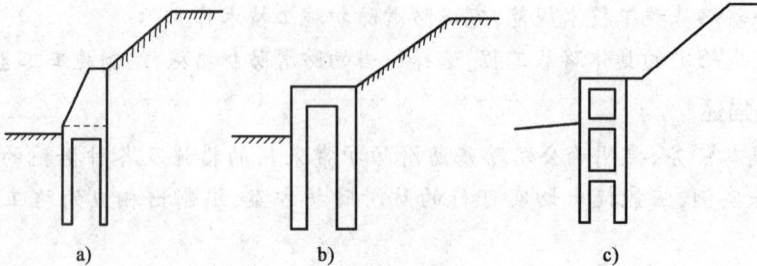

图4-3-3　抗滑排桩形式
a）椅式；b）门式；c）排架式

从桩的埋入情况分类，有全埋式和半埋式（悬臂桩），从布置形式分类，有密排桩（桩顶以混凝土承台联结的为承台式桩）和互相分离的单排（图4-3-5）及多排桩。

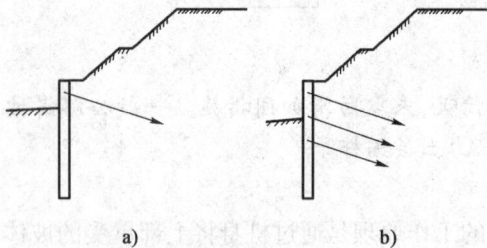

图4-3-4　有锚抗滑排桩
a）单锚；b）多锚

图4-3-5　成型的抗滑桩

目前，公路边坡工程中较多采用人工挖孔钢筋混凝土就地灌注抗滑桩进行防护。因此，本书将详细介绍此类抗滑桩的施工。

2）抗滑桩的适用条件

抗滑桩常设置在边坡浅层及中层滑坡的前缘，适用于以下两种情况：

（1）当采用重力式支挡建筑时，工程量大，为不经济的边坡；

（2）当施工开挖滑坡前缘时，易引起滑坡体剧烈滑动的边坡。

3）抗滑桩的布设

（1）抗滑桩的平面布置。抗滑桩的平面布置指的是桩的平面位置和桩间距。一般根据边坡的地层性质、推力大小、滑动面坡度、滑动面以上的厚度、施工条件、桩型和桩截面大小以及可能的锚固深度、锚固段的地质条件等因素综合考虑决定。

对一般边坡工程，根据主体工程的布置和使用要求而确定布桩位置。

对滑坡治理工程,抗滑桩原则上布置在滑体的下部,即在滑动面平缓、滑体厚度较小、锚固段地质条件较好的地方,同时也要考虑到施工的方便。对地质条件简单的中小型滑坡,一般在滑体前缘布设一排抗滑桩,桩排方向应与滑体垂直或接近垂直。对于轴向很长的多级滑动或推力很大的滑坡,可考虑将抗滑桩布置成两排或多排,进行分级处治,分级承担滑坡推力;也可考虑在抗滑地带集中布置 2~3 排、平面上呈品字形或梅花形的抗滑桩或抗滑排架。对滑坡推力特别大的滑坡,可考虑采用抗滑排架或群桩承台。对于轴向很长的具有复合滑动面的滑体,应根据滑面情况和坡面情况分段设立抗滑桩,或采用抗滑桩与其他抗滑结构组合布置方案。

(2)抗滑桩的间距。抗滑桩的间距受滑坡推力大小、桩型及断面尺寸、桩的长度和锚固深度、锚固段地层强度、滑坡体的密实度和强度、施工条件等诸多因素的影响,目前尚无较成熟的计算方法。合适的桩间距应该使桩间滑体具有足够的稳定性,在下滑力作用下不致从桩间挤出。可按在能形成土拱的条件下,两桩间土体与两侧被桩所阻止滑动的土体的摩阻力不少于桩所承受的滑坡推力来估计。一般桩间距最大 15m,常用的间距为 6~10m。当桩间采用了结构连接来阻止桩间楔形土体的挤出,则桩间距完全决定于抗滑桩的抗滑力和桩间滑体的下滑力。

当抗滑桩集中布置成 2~3 排排桩或排架时,排间距可采用桩截面宽度的 2~3 倍。

4)抗滑桩的断面

抗滑桩的桩身断面有圆形、方形、矩形、工字形等,应根据作用在桩背上下滑力的大小、施工要求、土石性质和水文等条件来选定。一般采用矩形断面,其尺寸以 1.5m×2.0m 及 2.0m×3.0m 两种截面使用较多。

5)抗滑桩施工工艺流程

人工挖孔抗滑桩施工工艺流程如图 4-3-6 所示。

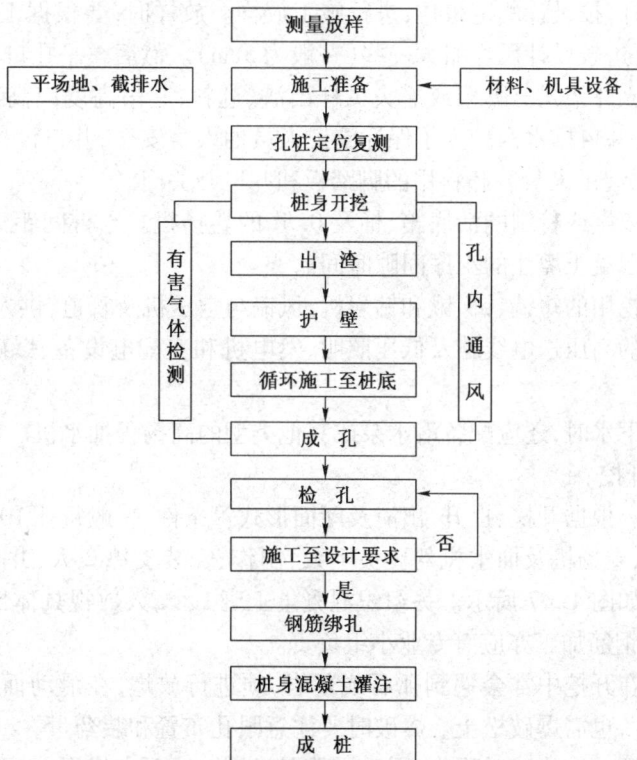

图 4-3-6　人工挖孔抗滑桩施工工艺流程

6）基本要求

钢筋混凝土灌注桩是一项质量要求高，施工工序较多，并须在一个短时间内连续完成的地下隐藏工程。因此，施工应严格按程序进行。备齐技术资料，编制施工组织设计，做好施工准备。应按设计要求，有关规范、规程及施工组织设计，建立各工序的施工管理制度，保证施工有序、快速、高质地进行。

7）抗滑桩施工

（1）施工中稳定滑坡的措施：

①清顺滑坡坡面，铲除陡坡、陡坎壁，填塞裂缝。如有可能，可根据设计需要，先在滑体范围内外，分别浆砌圈形截水沟，以减少地表水下渗。

②在抗滑桩施工范围，应大致整平地面，靠山一侧刷出宽度不小于2m的平台，另一侧如系弃渣或松散滑体，即应填平夯实，避免对桩产生侧压。

③桩孔开挖，应视下滑力的大小，滑体的土石结构破坏程度及地下水等不同情况，采用全面同时开挖或跳跃式间隔开挖。

④根据地质条件，护壁可采用混凝土、钢筋混凝土、木质和喷护等方法，如地质条件许可，且开挖不深，能确保施工安全，可不支护，一直挖至设计高程，符合桩基已置于较好的基岩上，井孔垂直且不小于设计尺寸和已达最低一层滑动面下5m以上时，立即绑扎钢筋（或下预制钢筋笼），灌注桩身混凝土，不容拖延时间。

⑤桩孔孔口10m内不应存放大堆材料，弃渣亦应在30m以外，产生振动大的机械应设在50m以外。

（2）桩孔开挖的准备工作：

①现场核对设计，按设计测定桩位，进行施工放样。放样时，要根据工地具体情况和施工可能发生的误差，每边较设计尺寸略大一些（一般为5cm）。然后整平孔口场地。

②在井口上竖立井架式三脚架或摇头扒杆出渣、进料，起吊高度应高出井口3m以上，搭设临时风雨棚，做好井口排水沟。为了保证施工人员的人身安全，井口设栏杆（薄壳支护高出地面者可不设）及供起吊人员装卸料用的脚踏板和井口开关门。

③备置起吊用箩筐或特制的活底箱、桶及0.5t的卷扬机。当桩间距离较短（5～7m）时，要考虑开挖与护壁混凝土灌注的工序间隙时间。

④配置井内开挖用的短镐、铲、锹和钻岩机、风镐与空压机及管道，供人员上下用的梯子。

⑤配备井内用的高压送电线路及低压照明、发电机和变配电设备、爆破器材、通风设备及管路和安装材料。

⑥当井内有地下水时，还应配备潜水泵或其他类型的高扬程抽水机。

（3）抗滑桩孔开挖。

①劳动力组织。根据开挖、提升、出渣及断面形式等条件，一般每孔10人，其中分配如下：井内开挖作业4人，卷扬机及抽水机驾驶员1人，制作、安装支撑2人，井口接卸、拴套重物1人，接运出渣2人，如图4-3-7所示。另组织混凝土工班1个，人数视具体情况而定（无混凝土工作时转作备料），钢筋加工亦应有专业小组负责。

②井下放炮。在开挖中常会遇到孤石或基岩，须进行放炮，在滑动面以下土质坚硬的地方，为加快施工进度，也需爆破松土。爆破时要注意眼孔布置和装药量。

③井壁塌方处理。在施工过程中，因土层软弱、松散、地下水作用，或因放炮作用引起塌方面积较小时，必须严格控制井内及邻近孔的放炮，立即进行护壁支护，在塌空处填充块石，护壁

适当加筋,浇灌混凝土未达到设计强度80%前不宜拆除模板顶撑;当塌方严重,土地过于松软和地下水作用继续坍塌时,必须加强观察,清除危石及悬土,在塌方处搭制托梁暗柱,并用木楔、长钉加固钉牢,里面用块石或废木填充,以阻止土石继续坍塌,并立即支护,适当加密塌方处钢筋。浇灌混凝土未达到设计强度80%前不宜拆除模板顶撑。

图 4-3-7 抗滑桩开挖
a)孔口提土;b)孔底挖土、装土

④井孔的开挖支护有混凝土薄壳护壁和木支护两种。

a.混凝土薄壳护壁。混凝土薄壳护壁的每节开挖深度为 0.6～2m,护壁厚度可参考表 4-3-1。

护 壁 厚 度   表 4-3-1

顺序	土 质 类 别	每节挖深(m)	护壁厚(m)	说　　明
1	扰动松散土或弃渣	0.6～1.0	0.25～0.30	含水地层灵活掌握
2	中密土夹石	1.0～1.5	0.20～0.25	井口一节宜高出地面 0.3～0.5m
3	密实黏土、砂黏土夹卵石、碎石	1.5～2.0	0.2	

b.木支护。当桩孔位于堆积层中或土质松散地点时,则需使用木质支撑,随挖随支,井口密,下部稀,底部挖出岩石后视情况可少支或不支。

⑤安全注意事项应对照竖井施工办理,尤应注意下述各点。

a.工具必须放在吊斗内。上班时先送工具后送人入井,下班时,先送人后吊工具出井。工作人员上下井时,必须空手扶稳钢筋梯。严禁借用起吊绳索或吊斗上下。

b.井口必须设专人值班看守防护,不准任何料具小石块落入井内伤人。

c.装料时,吊斗不能装得太满。起吊架子、安全栅、绳索、滑轮、辘轳、机具等,每班操作前要认真检查,发现问题及时处理。

d.注意检查木支撑和已成护壁有无变形;如有问题,立即撤出工作人员,并报告有关部门。

(4)灌注抗滑桩身混凝土。

①核对断面尺寸及桩底地质资料,放出桩底十字线。当混凝土护壁作为桩身断面时,护壁必须清刷干净。

②钢筋绑扎、焊接定位(图 4-3-8)。绑扎钢筋有两种做法,一种是单根钢筋放到井下定位绑扎。但井下绑扎,电焊工作量大,对工人健康不利。另一种是根据起吊设备和抗滑桩深度情况,整体吊装,将钢筋预制成每节 5～7m 的钢筋笼,逐节放到井下搭接焊牢。为防止钢筋笼在

搬运和下井过程中变形,每节钢筋笼可增设直径25～28mm加劲箍筋两道或增加钢轨、型钢等,钢筋笼就位后,其与护壁的间距应以混凝土块楔紧。

图4-3-8　桩身钢筋绑扎

③灌注桩身混凝土。最好使用输送泵搅拌机置于井口,应随时观察井内情况以防止意外。当钢筋笼定位后,以串筒漏斗将混凝土传送至井中捣固。一般混凝土灌至一节钢筋笼外露部分40cm时,进行下节钢筋笼搭接电焊(要注意上下节钢筋笼长短钢筋对口面),经检查合格方可继续灌注混凝土。如此反复循环直到灌完桩身混凝土,如图4-3-9所示。

④抗滑桩的承台施工。当设计为承台式抗滑桩时,在灌完桩身混凝土后,根据承台底面高程及承台底面轮廓尺寸进行放样,开挖土石方。凿除高出承台底面的桩孔混凝土护壁,安装承台模板,绑扎钢筋,分层灌注承台混凝土。

图4-3-9　桩身混凝土灌注

⑤所用钢筋加工、绑扎、焊接及混凝土的配合比选定与拌和、捣固、脱模、养生、用料要求等,均应按有关规定执行。

(5)施工注意事项:

①在施工过程中,为确保施工人员的安全和建筑物部位的准确性,应建立观测系统,布置对滑坡体、建筑物位置的准确观测,防止发生突然事故。

②抗滑体若有支挡建筑物、永久排水和防渗设施等,应使这些建筑设施与抗滑桩体正确连接,配套完成。

③桩基开挖过程中,应随时核对滑动面情况,及时进行岩性资料编录,当其实际情况与设计不符时,应进行处理。

2.挡土墙

挡土墙是公路路基中常见的一种支挡结构形式,其应用十分广泛。当山区地面横坡过陡,常在下侧边坡设置挡土墙;或在靠山侧,由于刷坡过多,不仅土石方工程数量大,而且破坏了天然植被容易引起灾害,因此设置挡土墙以降低路堑高度;在平原地区多为良田,为了节约用地,往往也在路基一侧或两侧设置挡土墙;当高路堤、深路堑土石方数量大,取、弃土困难时,也可设置挡土墙以减少土石方数量;挡土墙还经常用来整治崩塌、滑坡等路基病害等。

根据在路基横断面上的位置,挡土墙可分为路肩墙、路堤墙及路堑墙。当墙顶置于路肩时,称为路肩式挡土墙;若挡土墙支撑路堤边坡,墙顶以上尚有一定的填土高度,则称为路堤式挡土墙,又称坡脚式挡土墙;如果挡土墙用于稳定路堑边坡,称为路堑式挡土墙;设置在山坡上用于防止山坡覆盖层下滑的挡土墙,称为山坡挡土墙,各类挡土墙的图式和使用场合见表4-3-2。

挡土墙图式和使用场合　　　　　　　　　　　　　　　　　　　　　　　表 4-3-2

序号	名称	示　意　图	使　用　场　合
1	路肩挡土墙		陡山坡上,为保证路堤稳定,收缩坡脚; 压缩路堤坡脚,减少占用土地或避免与其他建筑物干扰; 防止沿河路堤水流冲刷、淘刷
2	路堤挡土墙		受地形限制或其他建筑物干扰,必须约束坡脚时; 防止陡坡路堤下滑
3	路堑挡土墙		山坡陡峻,用以降低边坡高度,减少山坡开挖,避免破坏山体平衡; 地质条件不良,用以支挡可能坍塌的山坡土体
4	山坡挡土墙		用以支挡山坡上有可能坍滑的覆盖层土体或破碎岩层; 根据山坡情况可分设数道,以满足实际需要
5	浸水挡土墙		沿河路堤,须收缩坡脚,以免水流冲刷和淘刷
6	抗滑挡土墙		滑坡地段,用以稳定滑动土体

根据墙体材料的不同,挡土墙有石砌挡土墙、砖砌挡土墙、混凝土块砌挡土墙、混凝土挡土墙、钢筋混凝土挡土墙及木质挡土墙,见图4-3-10;根据挡土墙的结构,常见的形式有:重力式、半重力式、衡重式、悬臂式、扶壁式、加筋土式、锚杆式、锚定板式和桩板式,此外还有柱板式、垛式、竖向预应力锚杆式及土钉式等类型。下面介绍常见的浆砌重力式挡土墙的施工。

图 4-3-10　挡土墙

a)浆砌挡土墙;b)混凝土挡土墙

1)重力式挡土墙的特点

重力式挡土墙依靠自重支撑土压力来维持其稳定。一般多用片(块)石砌筑,在缺乏石料的地区可用混凝土修建。重力式挡土墙结构简单,施工方便,取材容易,但由于墙背侧向土压力主要是依靠墙身的自重来保持平衡,故墙身断面尺寸较大,圬工量较大,对地基承载力要求也较高。

为适应不同地形、地质条件及经济要求,重力式挡土墙具有多种墙背形式。其中,墙背为直线形的是普通重力式挡土墙,如图 4-3-11a)、b)所示,其断面形式最简单,土压力计算简便。带衡重台的挡土墙,称为衡重式挡土墙,如图 4-3-11d)所示,衡重式挡土墙由上墙、下墙和衡重台三部分组成,其主要稳定条件仍凭借于墙身自重,但由于衡重台上填土的重力使全墙重心后移,增加了墙身的稳定,且因其墙前胸坡很陡,下墙背仰斜,所以可以减小墙的高度,减少开挖工作量,避免过分牵动山体的稳定,有时还可以利用台后净空拦截落石。衡重式挡土墙在山区公路中常采用,但由于其基底面积较小,对地基承载力要求较高,故应设置在坚实的地基上。不带衡重台的拆线形墙背挡土墙,则介乎上述两者之间,如 4-3-11c)所示。

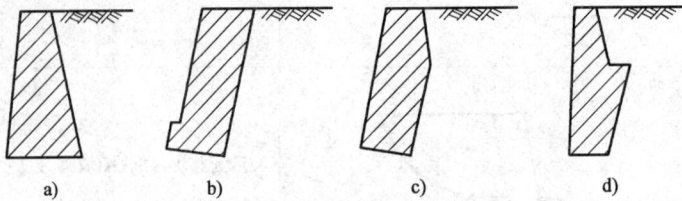

图 4-3-11　重力式挡土墙

a)、b)普通重力式挡土墙;c)拆线形墙背挡土墙;d)衡重式挡土墙

2)重力式挡土墙的施工工艺流程

浆砌片(块)石重力式挡土墙施工工序主要有基坑开挖、基底处理与检测、砂浆配合比设计与拌制、基础砌筑、墙身砌筑、墙背填料填筑与压实等,其施工工艺流程如图 4-3-12 所示。

3)重力式挡土墙的施工

(1)施工准备。

①测量放样,恢复路基中线,精确测定挡土墙基座主轴线和起讫点两端的衔接是否顺适。一般在直线段 20m 设一桩,曲线段 10m 设一桩,并可根据地形需要适当加桩。测定的重要控制桩应有护桩,并至少由 2~3 组构成,以便相互核对,确保精度。护桩保留到工程结束,因此要设在施工干扰地区之外,埋置应稳固。

②按施工放样的实际需要增补横断面桩,测量中桩和挡土墙各点的地面高程,并设置施工水准点。

③熟悉设计文件,会同设计单位进行现场核对。根据核对的工程量、工地特点、工期要求及施工条件,结合自己的设备能力,做出实施性施工组织设计,包括施工方法、工程数量、开工及完工日期、需要劳力、机械设备、材料数量以及其他临时工程和场地布置等,以便全面落实。

④在受地面积水和地下水影响的土质不良地段,应切实做好场地排水设施。

⑤外购及自采材料在采集前,先应通过试验鉴定,合格后方可进场。提前做好砂浆配合比及墙背填料的击实试验。

(2)材料要求。

①石料。石砌挡土墙石料可采用片石、块石和料石三种,并应满足以下要求:

图 4-3-12 浆砌重力式挡土墙施工工艺流程

a. 石料应经过挑选,结构密实,石质均匀,无裂缝,不易风化的硬质石料。在冰冻地区,还应具有耐冻件。

b. 石料的抗压强度不低于 25MPa。在地震区及严寒地区,应不低于 30MPa。

c. 片石应只有两个大致平行的面,其厚度不宜小于 15cm(卵形薄片者不得使用),宽度及长度不小于厚度的 1.5 倍,质量约 30kg。用作镶面的片石应表面平整,尺寸较大,并应稍加修整。

d. 块石一般形状大致方正,上下面也大致平整,厚度不小于 20cm,宽度宜为厚度的 1～1.5 倍,长度约为厚度的 1.5～3.0 倍,如有锋棱锐角,应敲除。块石用做镶面石时,应由外露面四周向内加以修凿,后部中不修凿,但应略小于修凿部分。

e. 料石是由岩层或大块石料开裂并经粗略修凿而成,外形方正成六面体,厚度 20～30cm,宽度为厚度的 1～1.5 倍,长度为厚度的 2.5～4 倍,表面凹陷深度不大于 2cm。用作镶面的料石,丁石长度应比相邻顺石宽度至少大 15cm。修凿面每 10cm 长须有錾路约 4～5 条,侧面修凿面应与外露面垂直,正面凹陷深度不超过 1.5cm,外露面应有细凿边缘,宽度为 3～5cm。

②砂浆。

a. 砂浆的组成。

砂浆一般用水泥、砂和水拌和而成,也可用水泥、石灰、砂与水拌和,或石灰、砂与水拌和而成。它们分别简称为水泥砂浆、混合砂浆和石灰砂浆。

水泥一般采用硅酸盐水泥和普通水泥,也可采用矿渣、火山灰、粉煤灰水泥。由于砂浆的强度较低,所以水泥的强度不宜太高,否则水泥的用量太少,会导致砂浆的保水性不良。通常水泥的强度等级应为砂浆强度等级的 4～5 倍,水泥砂浆采用的水泥强度等级不宜大于 42.5 级,水泥混合砂浆采用的水泥强度等级不宜大于 52.5 级。

砂浆用砂一般采用洁净的中、粗砂,若中、粗砂缺乏时,可在增加适量水泥后采用细砂。拌和砂浆砌筑片石砌体时,砂的粒径不应超过 5mm;块石、料石砌体不应超过 2.5mm;强度等级大于 M10 的砂浆,含泥量不应超过 5%,小于 M10 的砂浆不应超过 10%;砂浆用石灰应纯净,

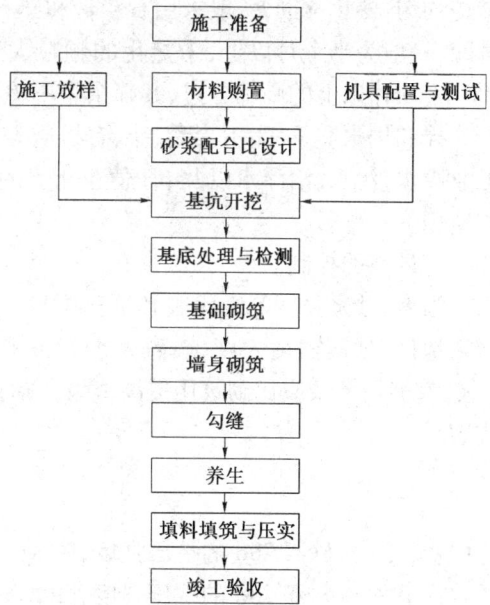

燃烧均匀,熟化透彻,一般采用石灰膏和熟石灰。淋制石灰膏时,要用网过滤,要有足够的熟化时间,一般为半个月以上,未熟化的颗粒大于 0.6mm 以上者,不得越过 10%;熟石灰粉应用 900 目/cm² 以上的筛筛分过,其筛余量不得大于 3%。

拌和用水应干净,不含酸、盐、有机质等杂质,一般饮用的水,均能满足砂浆的拌和要求,但工业废水、污水、沼泽水以及 pH 值小于 5 的酸性水和水的含硫酸盐量超过 0.27mg/cm³ 的,不能使用。

b. 砂浆的拌制。

强度:砂浆强度等级代表其抗压强度。拌制砂浆必须符合设计要求,一般不得低于 M5。严寒地区、地震烈度 8 度、墙高大于 12m 和地震烈度 9 度以上的地震区,应较非地震区提高 1 级;勾缝用砂浆应比砌筑用提高 1 级。砌石砂浆强度主要取决于水泥强度和水灰比,可用下式表示:

$$f_{m,o} = A \cdot f_{ce}\left(\frac{C}{W} - B\right) \tag{4-3-1}$$

式中:$f_{m,o}$——砂浆 28d 的抗压强度,MPa;

f_{ce}——水泥 28d 的抗压强度,MPa;

$\dfrac{C}{W}$——灰水比;

A、B——经验系数,用普通水泥时可采用 $A = 0.29$、$B = 0.4$。

稠度:主要包括和易性与流动性。一般情况下,将砂浆用手捏成小团,松手后不松散或以不由灰刀上流下为度。水泥砂浆的水灰比应控制在 0.60~0.70。

配合比:用质量或体积比表示,可由试验确定,还可根据已有的经验和资料参考决定。

拌制方法:可用人工或机械拌和。人工拌和不如机械拌和均匀,人工拌和至少应拌 3 遍,拌至颜色均匀为止。砂浆应随拌随用,保持适宜的流动性,在运输中已离析的砂浆应重新拌和。

c. 砂浆塑化剂的应用

砂浆塑化剂是掺入水泥砂浆中能使之增加工作度的材料,常用的有非水硬石灰砂浆塑化剂和加气型砂浆塑化剂两种。加气塑化剂是一种加入水泥砂浆后产生微气泡状空气的外加剂,微气泡在砂浆中出现后会与水泥颗粒一起填满较粗的砂粒间的孔隙,使砂浆获得较高的工作度。

(3)工艺方法。

浆砌原理是利用砂浆胶结砌体材料使之成为整体的人工构筑物,一般砌筑方法有:座浆法、抹浆法、灌浆法和挤浆法四种。

座浆法:又叫铺浆法,砌筑时先在下层砌体面上铺一层厚薄均匀的砂浆,压下砌石,借助石料自重将砂浆压紧,并在灰缝上加以必要的插捣和用力敲击,使砌石完全稳定在砂浆层上,直至灰缝表面出现水膜。

抹浆法:用抹灰板在砌石面上用力涂上一层砂浆,尽量使之贴紧。然后将砌石压上,辅助以人工插捣或用力敲击,使浆挤后灰缝平实。

挤浆法:综合座浆法与抹浆法的砌筑方法。除基底为土质的第一层砌体外,每砌一块石料,均应先铺底浆,再放石块。经左右轻轻揉动几下后,再轻击石块,使灰缓砂浆被压实。在已砌筑好的石块侧面安砌时,应在相邻侧面先抹砂浆,后砌石,并向下及侧面用力挤压砂浆,使灰缝挤实,砌体被贴紧。

灌浆法:把砌石分层水平铺放,每层高度均匀,空隙间填塞碎石,在其中灌以流动性较大的砂浆,边灌边捣实,直至砂浆不能渗入砌体空隙为止。

(4)基坑开挖。

根据测量放线定出的位置,采用人工或机械开挖挡土墙基础基坑。公路建设条件,特别是地质条件,随着高速公路建设,变得越来越复杂,要求施工单位施工前不但要熟悉设计文件,而且要熟悉基础资料。基坑开挖过程中,要保证基坑边坡和施工人员的安全。基础开挖大多采用明挖,开挖时不宜全段贯通,而应采用跳槽方法开挖以防止上部失稳。当坑内有积水时,应随时将其排干。当采用倾斜基底时,基底高程应按设计控制,不得超挖填补。

在天然地基土层上挖基,如深度在5m以内,施工期又较短,基底处于地下水位以上,且土的湿度正常,构造均匀,其开挖坑壁坡度可参考表4-3-3选定。当基坑深度大于5m时,应加设平台,这不仅利于基坑边坡的稳定,也利于基坑开挖。

基坑坑壁坡度 表4-3-3

坑壁土类	坡度		
	顶缘无荷载	顶缘有静载	顶缘有动载
砂类土	1:1	1:1.25	1:1.5
碎卵石土	1:0.75	1:1	1:1.25
砂性土	1:0.67	1:0.75	1:1
黏性土、黏土	1:0.33	1:0.5	1:0.75
极软岩	1:0.25	1:0.33	1:0.67
软质岩	1:0	1:0.1	1:0.25
硬质岩	1:0	1:0	1:0

注:①如土的湿度过大,会引起坑壁坍塌时,坑壁坡度可采用该湿度下的天然坡度;
②通过不同土层时,边坡可分层选定,并酌情留平台;
③山坡上开挖基坑,如地质不良时,应注意防止滑坍;
④岩石的饱和单轴极限强度(MPa)<5、5~30、>30时,分别定为极软岩、软质岩、硬质岩。

基坑开挖大小,需满足基础施工的要求。渗水土的基坑要根据基坑排水设施(包括排水沟、集水坑、网管)和基础模板等大小而定,一般基坑底面宽度应比设计尺寸各边增宽0.5~1.0m,以免施工干扰。基坑开挖坡底按地质、深度、水位等情况而定。

当排水挖基有困难,或具有水中挖基的设备时,可采用下列水中挖基方法:

①挖掘机水中挖基适用于各种土质,但开挖时不要破坏基坑边坡的稳定,可采用反铲挖掘和吊机配合抓泥斗挖掘。

②水力吸泥机适用于少类土及砾卵石土,不受水深限制,其出土效率随水压、水量的增加而提高。

③空气吸泥机适用于水深5.0m以上的砂类土或有少量碎、卵石的基坑,在黏土层使用时,应与射水配合进行,以免破坏土层结构。吸泥时应同时向基坑内注水,使基坑内水位高于河水位约1.0m,防止流沙或涌泥。

(5)基底处理与检验。

任何土质基坑挖至设计高程后不得长时间暴露、扰动或浸泡而削弱其承载能力。一般土质基坑挖至接近设计高程时,保留10~20cm的厚度,在基础施工前以人工突击挖除。因此,基坑开挖完成后,应及时对基底进行承载力检验(图4-3-13),检验合格后,应及时进行下道工序施工。当基底土质为碎石土、砂砾土、砂性土、黏性土等时,将其整平夯实。当遇有基底软弱或土质不良地段时,可按以下方法进行处理:

图 4-3-13　基底承载力检验

①当地基软弱,地形平坦,墙身又超过一定高度时,为减少地基压应力,增加抗倾覆稳定性,可在墙趾处伸出一台阶,以拓宽基础。如地基压应力超过地基承载力过多时,为避免台阶过多,可采用钢筋混凝土底板。

②如地层为淤泥质土、杂填土等,可采用砂砾、碎石、矿渣灰土等材料予以换填或用砂桩、石灰桩、碎石桩、挤淤法、土工织物及粉喷桩等方法分别予以处理。

③若发现岩层有孔隙裂缝,应以水泥砂浆或小石子混凝土浇筑饱满;若基底岩层有外露软弱夹层,宜在墙趾前对此层作封面保护。墙趾地面纵坡较大时,为减少圬工,挡土墙的基底可做成不大于 5% 的纵坡。如为岩层时,可在纵向做成台阶,台阶尺寸随地形变动而定,一般宽度不小于 50cm,高度比不宜大于 $1:2$。

(6)基础砌筑。

基坑完成后,按基底纵轴线结合横断面放线复验,确认位置、高程正确无误后,方可进行基础砌筑,砌筑方法同墙身。基础砌筑应注意以下问题:

①砌筑前,应将基底表面风化、松散土石清除干净。

②砌筑基础的第一层砌块时,如基底为岩层或混凝土基础,应先将基底表面清洗、湿润,再坐浆砌筑,这样可使第一层砌块与基底黏结牢固,保证砌体与基底间的抗弯能力和抗剪能力;如基底为土质,可直接坐浆砌筑。

③对于土质基坑或风化软岩基坑,在雨季施工时,应于基坑挖至设计高程,立即满铺砌筑一层。

④硬质岩石基坑,基础宜紧靠坑壁砌筑,并插浆塞满间隙,使之与岩层形成整体。

⑤采用台阶式基础时,台阶转折处不得砌成竖向通缝,砌体与台阶壁间的缝隙应插浆塞满。

⑥砌筑基础时,应保证砌体砂浆不受水冲刷。

⑦在岩层破碎、土质松软或有水的地段,宜择旱季分段集中施工。

⑧基础完成后,应立即回填,以小型压实机械分层夯实,并在表面留 3% 的向外斜坡,防止积水渗入基底。

(7)墙身砌筑(图 4-3-14)。

图 4-3-14　墙身砌筑

砌筑前应将砌块表面泥垢清扫干净并用水保持湿润,基础顶面也应洒水湿润。砌筑时必须两面立杆挂线或样板挂线,外面线应顺直整齐,逐层收坡,内面线应大致顺适,以保证砌体各部尺寸符合设计要求,所以在砌筑过程中应经常校正线杆。砌块底面应卧浆铺砌,立缝填浆补实,不得有空隙和立缝贯通现象。砌筑工作中断时,可将砌好的砌块层孔隙用砂浆填灌。再砌时,表面要仔细清扫干净,洒水湿润。工作段的分段位置宜在伸缩缝和沉降缝处,各段水平缝应一致。分段砌筑时,相邻段的高差不宜超过1.2m。砌筑砌体外皮时,浆缝需留出1~2cm的缝槽,以便砂浆勾缝。隐蔽面的砌缝可随砌随刮平,不另行勾缝。

砌筑时砌块及砂浆的供应方法:当工程零散,作业点距地面不高时,可用简单的马凳跳板直接运送;距地面较高时,可根据工地条件采用开架式吊机,固定式动臂吊机或桅杆式动臂吊机,各种木质扒杆或绳索吊机等小型起重设备及铁链、吊筐、夹石钳等捆装设备运送;当工程量较大时,可采用卷扬机带动轻轨斗车上料或摇头摆杆式垂直提升。

下面分浆砌片石、浆砌块石、浆砌料石三种情形分别加以阐述。

①浆砌片石。

浆砌片石的一般砌石顺序为先砌角石、再砌面石,最后砌腹石。角石应选择比较方正且大小适宜的石块,否则应稍加清凿。角石砌好后即可将线移挂到角石上,再砌筑面石(即定位行列)。面石应留一个运送填腹石料的缺口,砌完腹石后再封砌缺口。腹石宜采取往运送石料方向倒退砌筑的方法,先远处,后近处。腹石应与面石一样按规定层次和灰缝砌筑整齐、砂浆饱满。上下层石块应交错排列,避免竖缝重合,砌缝宽度一般不应大于4cm。

砌体外侧定位行列与转角石应选择表面较平且尺寸较大的石块,浆砌时,应长短相间并与里层石块咬紧,分层砌筑应将大块石料用于下层,每处石块形状及尺寸均应搭配合适。竖缝较宽者可塞以小石子,但不能在石块下用高于砂浆层的小石块支垫。排列时,石块应交错、坐实挤紧,尖锐凸出部分应敲除。

浆砌片石一般采用挤浆法和灌浆法砌筑。

挤浆法:挤浆法应分层砌筑,分层的高度宜在50~100cm之间(约2~3层)。分层与分层间的砌缝应大致找平,即每隔2~3层找平一次。分层内的每层石,不必铺通层找平砂浆,而可按石块高低不平形状,逐块或逐段铺浆。砌筑时,每一块石料均应先铺砂浆再安放石块,然后经左右揉动几下,再用手锤轻击,将下面砂浆挤压密实。在已砌好的片石侧面继续安放砌筑时,除坐浆外,应在相邻石块侧面铺抹砂浆,再砌石块,并向下面及抹浆的侧面用手挤压,用锤轻击,将下面和侧面的砂浆挤实,挤出的砂浆可刮起再用。分层内各层间石块的砌缝应尽可能错开,但不强求。分层与分层间的砌缝则必须错开,不得贯通。

灌浆法:此法与挤浆法不同之处,在于每层石块应选高度大致相同的石块,每一层应用砂浆砌平整理,而不是砌2~3层石块再找平。具体砌法是:先铺一层坐浆,将石块安放在砂浆上,用手摆紧。每层高度视石料尺寸确定,一般不应超过40cm,并随时选择厚度适宜的石块,用作砌平整理,空隙处先填满较稠的砂浆,用灰刀或捣棒插实,再用适当的小石块填塞紧密。然后再铺上层坐浆,以同样方法继续砌上层石块。

浆砌片石时,除按上述方法砌筑外,还应注意以下几点:

a. 应利用片石的自然形状,使其相互交错地衔接在一起。因此,除最下一层石块应大面朝下外,上面的石块不一定必须大面朝下,做到犬牙交错、搭接紧密即可。同时在砌下层石块时,即应考虑上层石块如何接砌。

b. 石块应大小搭配,相互错叠,咬接紧密,并备有各种尺寸的小石块,作挤浆填缝用。

c. 片石与片石之间均应有砂浆隔开，不得直接接触。

d. 片石砌筑时，应设置拉结石，并应均匀分布，相互错开，一般每 $0.7m^2$ 至少设一块。

e. 石料的供应和砌石的配合也很重要，在砌角石、面石时，应供应比较方正的石块；砌腹石时，可采用不规则形状而尺寸适宜的石块。

f. 使用片石应有计划。角石、面石应首先选出备用。砌体下层应选用较大石块，向上逐渐用较小尺寸石块。

g. 一天中完成的砌体高度不宜超过1m。冬季寒冷时，砂浆强度增长很慢，当天的砌高还应减小。

②浆砌块石。

浆砌块石亦用铺浆法和挤浆法。先铺底层砂浆并打湿石块，安砌底层。分层平砌大面向下，先砌角石，再砌面石，后砌腹石，上下竖缝错开，铺缝距离不应小于8cm，铺面石的垂直缝应用砂浆填实饱满，不能用稀浆灌注。填腹石亦应采用挤浆法，先铺浆，再将石块放入挤紧，垂直缝中应挤入 $1/3 \sim 1/2$ 的砂浆，不满部分再分层插入砂浆。厚大砌体，若不易按石料厚度砌成水平时，可设法挤配成较平的水平层，块石铺面。为使面石与腹石连接紧密，可采用丁顺相间，一丁一顺排列，有时也可采用两丁一顺排列。

浆砌块石时应注意以下几点：

a. 块石应平砌，应根插填高进行层次配料，每层石料高度大致齐平。

b. 用作铺面的块石，表面四周应加以修整，使尾部略小，以利于安砌，铺面石应丁顺排列。

c. 镶面石灰缝宽为 $2 \sim 3cm$，不得有干缝和瞎缝。上、下层竖缝应铺开不小于8cm。

d. 填腹块石水平灰缝的宽度不应大于3cm，垂直灰缝的宽度不应大于4cm，灰缝也应错开，灰缝中可以填塞小石块，以节省砂浆。

③浆砌料石。

浆砌料石的砌筑过程中应注意以下几点：

a. 每层镶面料石均应按规定的灰缝宽度及错缝要求配好石料，再用铺浆法顺序砌筑，边砌边填立缝，并应先砌角石。

b. 按砌体高度确定砌石层数，砌筑料石时依石块厚薄次序，将厚的砌在下层，薄的砌在上层。

c. 当一层镶面石砌筑完毕后，方可砌填腹石，其高度与镶面石齐平。

d. 每层料石均应采用一丁一顺砌置，砌缝宽度均匀，缝宽不应大于2cm。相邻两层的竖缝应错开不小于10cm，在丁石的上层和下层不得有竖缝。水平缝为通缝。

e. 竖缝应垂直，砌筑时须随时用水平尺及铅垂线校核。

(8) 勾缝。

有平缝、凹缝和凸缝等。勾缝具有防止有害气体和风、雨、雪等侵蚀砌体内部，延长构筑物使用寿命及装饰外形美观等作用。在设计无特殊要求时，勾缝宜采用凸缝或平缝，勾缝宜用 $1:1.5 \sim 1:2$ 的水泥砂浆，并应嵌入砌缝内约2cm。勾缝前，应先清理缝槽，用水冲洗湿润，勾缝应横平竖直，深浅一致，不应有瞎缝、丢缝、裂纹和黏结不牢等现象，片石砌体的勾缝应保持砌后的自然缝。

(9) 墙顶处理。

路肩式浆砌挡土墙墙顶宜用粗料石或现浇混凝土(C15)做成顶帽，其厚度通常为40cm，顶部帽檐悬出的宽度为10cm；不做墙帽的路肩墙或路堤墙和路堑墙，墙顶面宜以大块石砌筑，采用M5.0以上砂浆勾缝和抹平顶面，厚2cm。

(10)沉降缝、伸缩缝砌筑。

沉降缝、伸缩缝的宽度一般为 2~3cm。为保证接缝的作用,两种接缝均须垂直,并且缝两侧砌体表面需要平整,不能搭接,必要时缝两侧的石料须加修凿。

砌筑接缝砌体时,最好根据设计规定的接缝位置设置,采用跳段砌筑的方法,使相邻两段砌块高度错开,并在接缝处挂线砌筑,使外露面又直又平。

接缝中尚需填塞防水材料,防止砌体漏水。当用胶泥作填缝料时,应沿墙壁内、外、顶三边填塞并捣实;当填缝材料为沥青麻筋或沥青木板时,可贴置在接缝处已砌墙段的端面,也可在砌筑后再填塞,但均需沿填壁内、外、顶三边填满、挤紧。不论填哪种材料,填塞深度均不得小于 15cm,以满足防水要求。

(11)砌体养生。

对浆砌砌体应加强养生,以便砌体砂浆强度的形成和提高。养生时,应注意以下几点:

①不可在砌体上抛掷或凿打石块。已砌好但砂浆尚未凝结的砌体,不可使其承受荷载。

②如所砌石块在砂浆凝结后有松动现象,应予拆除,刮净砂浆,清洗干净后,重新安砌。拆除和重砌时,不得撞动邻近石块。

③新砌坏工前一段落或收工时,须用浸湿的草帘、麻袋等覆盖物将砌体盖好。一般气温条件下,在砌完后 10~12h 以内,炎热天气在砌完后 2~3h 以内即须洒水养生。养生时间一般不少于 7~14h。

④养生时须使覆盖物经常保持湿润,在一般条件下(气温在 15℃ 及以上),最初的 3d 内,昼间至少每隔 3h 浇水一次,夜间至少浇水一次;以后每昼夜至少浇水 3 次。

⑤新砌坏工的砂浆,在硬化期间不应使其受雨水冲刷或水流淹浸。

⑥在养生期间,除抗冻砂浆外,一般砂浆在强度尚未达到设计强度的 70% 以前,不可使其受力。

水泥砂浆及混合砂浆的强度与硬化温度和时间有关,具体关系如表 4-3-4 所示。

砂浆强度增长与龄期关系　　　　　　　　　　　　　　　　表 4-3-4

龄期(d)	不同温度(℃)下砂浆强度百分率(%)									
	1	5	10	15	20	25	30	35	40	50
1	1	4	6	9	13	18	23	27	32	42
1.5	2	6	9	14	19	24	31	37	45	61
2	3	8	12	18	24	30	38	45	54	75
3	5	11	18	24	33	42	49	58	66	85
5	9	19	28	37	45	54	61	70	77	94
7	15	26	37	47	56	64	72	79	87	99
10	23	34	48	58	68	75	82	89	94	—
14	31	45	59	71	79	86	92	96	100	—
21	42	58	74	85	92	96	100	103	—	—
28	52	68	83	94	100	104	—	—	—	—

注:以上 20℃时养生 28d 的强度为 100%。

(12)墙背填料。

需待砌体砂浆强度达 70% 以上时,方可回填墙背填料,并应优先选择渗水性好、抗剪强度高且稳定、易排水的砂砾土填筑。严禁使用腐殖质土、盐渍土、淤泥、白垩土和硅藻土作为填料,填料中不得含有机物、冰块、草皮、树根等杂物和生活垃圾。如确有困难需采用不透水土壤时,必须做好砂砾反滤层,并与砌体同步进行。浸水挡土墙背应全部用水稳性和透水性较好的材料填筑。

墙背回填要均匀摊铺平整,并设不小于3%的横坡逐层填筑,逐层夯实,不允许向着墙背斜坡填筑,严禁使用膨胀性土和高塑性土。每层压实厚度不宜超过20cm,碾压机具和填料性质应进行压实试验,确定填料分层厚度及碾压遍数,以便正确指导施工。路肩挡土墙顶面高程应略低于路肩边缘高程2~3cm,挡土墙顶面做成与路肩一致的横坡度,以排除路面水。

压实时应注意勿使墙身受较大的冲击影响,在临近墙背1.0m范围内,应采用小型压实机具碾压。小型压实机械有蛙式打夯机、内燃打夯机、手扶式振动压路机、振动平板夯等。

4)施工注意事项

施工应与设计要求相配合,并严格按施工规范的规定执行,同时还应注意如下事项:

(1)施工前,应做好截、排水及防渗设施。

(2)在岩体破碎、土质松软或地下水丰富地段修建挡土墙,宜避开雨季施工。

(3)当基础完成后,立即回填,以小型机械进行分层压实,并在表层稍留向外斜坡,以免积水渗入浸泡基础。

(4)墙趾部分基坑,在基础施工完成后应及时回填夯实,并做成外倾斜坡,以免积水下渗,影响墙身的稳定。

(5)挡土墙的外墙应用规格块、料石砌筑,并采用丁顺相间的方法,同时还应保证砂浆饱满,防止出现"墙体里外两层皮"的现象。

(6)注意泄水孔和排水层(即反滤层)的施工操作,保证排水通畅。

(7)浆砌挡土墙需待砂浆强度达70%以上时,方可回填墙背填料。且墙背填料应符合设计要求,避免采用膨胀土和高塑性土,并做到逐层填筑,逐层夯实。不允许向着墙背斜坡填筑,夯实时应注意勿使墙身受较大冲击影响。墙后地面横坡陡于1:3时,应作基底处理(如挖台阶),然后再回填。

(8)浆砌挡土墙的墙顶,可用M5砂浆抹平,厚2cm,下砌挡土墙墙顶50cm厚度内,用M2.5砂浆砌筑,以利稳定。

5)挡土墙常见病害

挡土墙常见病害和破坏的形式有:滑移、倾覆、沉陷、墙身竖向开裂和横向断裂等,如图4-3-15和图4-3-16所示。此外,还有勾缝脱落、表面破损、墙背填土沉陷、基础冲刷淘空、变形缝破损等病害形式。

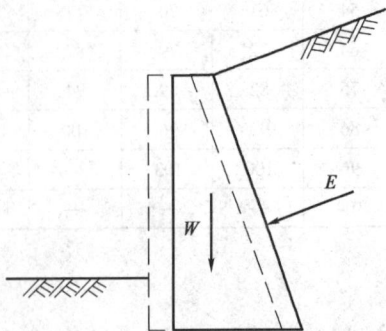

图4-3-15 挡土墙滑移   图4-3-16 挡土墙倾覆

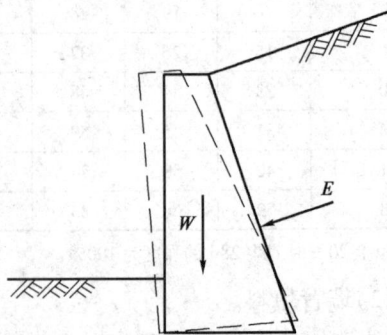

（1）勾缝脱落。

勾缝脱落是砌体挡土墙比较普遍的一种病害。砂浆勾缝在雨水表面径流作用下，砂浆被冲刷散失，水泥混凝土预制块或片（块）石砌缝外露。

（2）裂缝。

裂缝是挡土墙比较常见的病害之一。挡土墙裂缝根据严重程度有两种：贯通裂缝和未贯通裂缝。当发生了贯通裂缝，则墙体可能发生断裂，很可能已失去支挡作用，危害程度较大，应及时加以处理。

（3）表面破损。

表面破损主要是指浆砌片（块）石或预制砌块破碎松动、砂浆脱落，如维修不及时，使雨水冲刷下渗，导致大面积散失、脱空和剥落，使得挡土墙的支挡作用降低甚至丧失。

（4）墙背填土沉陷变形。

挡土墙背填土发生沉降变形是一种比较普遍的严重病害。由于填料选择不当，加之施工压实不足，在墙背排水不利情况下，地表径流汇集、雨水下渗，在潜蚀作用下引起沉陷变形。当墙体泄水孔畅通时，土颗粒将随下渗水流移动，被水流带走，逐渐形成陷穴，使墙背脱空，影响行车舒适性和安全性；若泄水孔被堵塞，则墙背将积水，填土含水率增大，强度大大减弱，土压力增大，极易使墙背填土发生沉陷变形，甚至会使土体发生溜坍、滑坡，导致挡土墙失稳和破坏。

（5）泄水孔堵塞。

挡土墙中设置合理的泄水孔，有利于排除墙背填土积水，降低孔隙水压力，维持其稳定性。但由于施工质量问题，如反滤层设置不合理，或泄水孔结构施工不符合设计要求等。在使用过程中随水流的作用，可能使泄水孔的排水通道被细颗粒材料堵塞，从而形成墙背填土积水，容易导致冻胀、湿陷、滑塌等严重病害的产生。

（6）基础冲刷淘空。

基础冲刷淘空是公路水毁的一种主要形式，且危害较大。处于暴雨集中、雨水冲刷严重或沿河、冲沟地段的挡土墙，常因雨水急速局部冲刷基础，使底部材料被形成的涡流冲蚀、卷起带走，随着冲刷深度和范围的增大，导致基础脱空，如不及时处理，则会进一步导致结构物失稳破坏。

（7）沉降缝、伸缩缝破损变形。

沉降缝、伸缩缝破损变形主要是指缝在施工中未按要求完全封闭、设计中设置位置不合理或设置数量不足，从而在自然因素和人为因素作用下，导致缝被颗粒材料填充、变形量不足而被挤裂或拉开。

3. 预应力锚索

1）岩土锚固原理

岩土锚固技术是把一种受拉杆件埋入地层中，以提高岩土自身的强度和自稳能力的一门工程技术；由于这种技术大大减轻结构物的自重、节约工程材料并确保工程的安全和稳定，具有显著的经济效益和社会效益，因而目前在工程中得到极其广泛的应用。

岩土锚固的基本原理就是利用锚杆（索）周围地层岩土的抗剪强度来传递结构物的拉力或保持地层开挖面的自身稳定，出于锚扦锚索的使用，它可以提供作用于结构物上以承受外荷的抗力；可以使锚固地层产生压应力区并对加固地层起到加筋作用；可以增强地层的强度，改善地层的力学性能；可以使结构与地层连锁在一起，形成一种共同工作的符合体，使其有效地承受拉力和剪力。在岩土锚固中通常将锚杆和锚索统称为锚杆。

锚杆按是否预先施加应力分为预应力锚杆(索)和非预应力锚杆(索)。本书介绍预应力锚索。预应力索是指锚索锚固后施加一定的外力,使锚索处于主动受载状态;预应力锚索在锚固工程中占有重要地位,图4-3-17是典型的预应力锚索结构示意图,预应力锚索的锚筋为钢绞线。目前在公路滑坡处治中广泛采用项应力锚索加固技术。

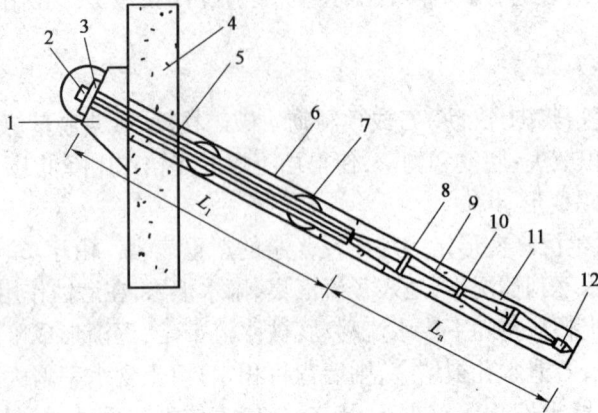

图 4-3-17　预应力锚索结构示意图

1-台座;2-锚具;3-承压板;4-支挡结构;5-自由隔离层;6-钻孔;7-对中支架;8-隔离架;9-钢绞线;10-架线环;11-注浆体;12-导向帽;L_1-自由段;L_a-锚固段

2)预应力锚索结构

预应力锚索是一种将拉力传至稳定岩层或土层的结构体系,主要由锚头、自由段和锚固段组成(图4-3-17)。

(1)锚头:锚索外端用于锁定锚索拉力的部件,由垫墩、垫板、锚具、保护帽和外端锚筋组成。

(2)锚固段:锚索远端将拉力传递给稳定地层的部分锚固深度和长度应按照实际情况计算获取,要求能够承受最大设计拉力。

(3)自由段:将锚头拉力传至锚固段的中间区段,由锚拉筋、防腐构造和注浆体组成。

(4)锚索配件:为了保证锚索受力合理、施工方便而设置的部件,如定位支架、导向帽、架线环、束线环、注浆塞等。

3)预应力锚索适用条件

在边坡工程中,当潜在滑体沿剪切滑动面的下滑力超过抗滑力时,将会出现沿剪切面的滑移和破坏。在坚硬的岩体中,剪切面多发生在断层、节理、裂隙等软弱结构面上。在土层中,砂性土的滑面多为平面,黏性土的滑面一般为圆弧状。有时也会出现沿上覆土层和下卧基岩间的界面滑动。为了保持边坡的稳定,一种办法是采用大量削坡直至达到稳定的边坡角,另一种办法是设置支挡结构。在许多情况下,单纯采用削坡或挡墙往往是不经济的或难以实现的。这时,可采用预应力锚索加固边坡,如图4-3-18所示。

4)预应力锚索施工工艺流程

预应力锚索施工工艺流程见图4-3-19。

5)预应力锚索施工基本要求

预应力锚索施工质量的好坏将直接影响锚杆的承载能力和边坡稳定安全。因此,在正式施工前,应根据工程施工条件和地质条件选择适宜的施工方法,编制详细的施工组织设计,对施工人员进行技术培训,确保施工质量达到要求。

图 4-3-18 预应力锚索防护边坡

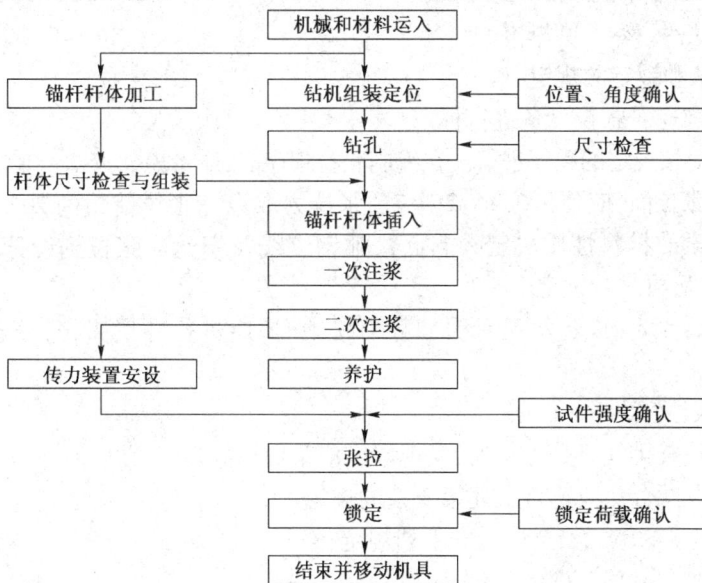

图 4-3-19 预应力锚索施工工艺流程图

6)预应力锚索施工要点

(1)锚索体加工和组装应遵守下列规定:

①锚索表面无损伤,除锈去污,并严格按设计尺寸下料。

②编排钢丝或钢绞线,应安设排气管;每股钢丝或钢绞线沿锚索轴线方向应平直、头齐,每隔1.0～1.5m 设置隔离架或内芯管,必要时可设置对中支架;锚索体应捆扎牢固,捆扎材料不宜用镀锌材料,图4-3-20 为安装好的锚索体。

③锚索体与内锚头及外锚具(图 4-3-21)的连接必须牢固,其强度应大于锚索的张拉力。

(2)孔口支承墩应符合下列规定:

①支承墩尺寸和强度,应根据所施加的预应力大小、岩体强度和施工场地等条件决定。

②支承墩的承力面应平整,并与锚索的受力方向垂直。

(3)预应力锚索的安装必须遵守下列规定:

①机械式内锚头安装时,宜采用活扣绑扎,待内锚头送至锚固部位后,再松绑固定;安装过程中应防止捆扎材料损伤和磨断,以防外夹片脱落。

②胶结式内锚头的胶结材料,可采用灰砂比为1∶1,水灰比为0.45~0.50的水泥砂浆;胶结材料未达设计强度时,不得张拉锚索。

③安装锚索时,必须保护好排气管,防止扭压、折曲或拉断。

图4-3-20 安装好的锚索体

图4-3-21 锚具

(4)锚索张拉和锁定的规定:

①锚索张拉前应对张拉设备进行标定。

②锚索张拉应按规定的程序进行。在编制张拉程序时,应考虑邻近锚索张拉时的相互影响。

③锚索正式张拉前,应预张拉1~2次,预张拉力取设计张拉荷载的20%~30%,锚索是否超张拉应按锚索的材料性质决定。非低松弛钢绞线及钢丝应张拉到设计荷载的105%~110%,持荷2min后再进行锁定。

④锚索锁定后48h内,若发现有明显应力松弛时,应进行补偿张拉,锁定后的锚索如图4-3-22所示。

(5)封孔注浆注意事项:

①注浆前应检查排气管是否畅通,发现堵塞应采取措施。

②注浆材料及配合比应符合上述第3条的规定。

(6)预应力锚索的施工安全应遵守下列规定:

①张拉锚索时,孔口前方严禁站人。

②施工面在上层作业时,下方严禁有人作业或停留。

③封口水泥砂浆未达到设计强度的70%时,不得在锚索端部悬挂重物或碰撞锚具。

4.预应力土层锚杆

预应力土层锚杆(图4-3-23)是将预应力通过锚杆传递到土层的体系。锚杆的一端与结构物相连,另一端锚固在土层内,通过对锚杆施加预应力,以承受土压力并保证土体的稳定。

图4-3-22 锁定后的锚索

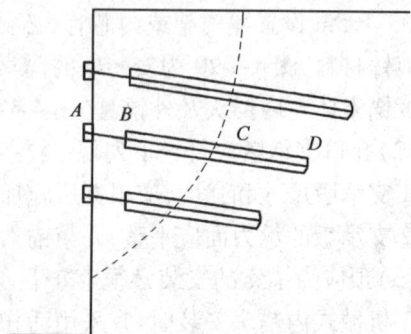

图4-3-23 预应力土层锚杆

1)特点及适用范围

(1)受力合理,能充分利用土体的抗剪强度平衡结构物的拉力,因而较经济。

(2)主动抗衡土压力,能有效地限制土体的滑动。

(3)改善土体的受力状态,使锚固范围内土体处于压应力状态,增强了土体的稳定性,并能提高滑移面上的抗剪强度。

(4)锚固力的作用点和作用方向可以根据需要选取,从而获得最佳的稳定效果。

(5)施工过程中,当地层条件变化时,可及时调整设计参数。

(6)施工方便,无需使用大型机械。

预应力土层锚杆适用于公路边坡及深基坑的支护。

预应力土层锚杆按锚固体结构形式分有圆柱形、端部扩大头形和连续球体形三种。圆柱形锚杆施工工艺简单,造价低,适于承载力较低的非黏质土、硬黏质土等;端部扩大头形锚杆可采用爆破扩孔或机械扩孔,适用于承载力较高,施工工艺较复杂的黏质土层;连续球体形锚杆是圆柱形锚杆在一次常压灌浆形成锚固体的基础上,利用设于锚固段上端的密封袋和隔一定距离开有环向小孔,并附有橡胶环的注浆套管,对其由下向上连续进行高压劈裂灌浆,使浆液冲开锚固体,向周围土体扩散、渗透、挤压,形成多个连续扩头体,增大了锚固体的体积,提高了锚杆的承载能力,改善了锚固体周围土体的力学性能,特别适用于饱和黏质土层。

2)预应力土层锚杆施工

(1)施工材料及要求。

预应力锚杆的预应力筋常用的材料为钢绞线、精轧螺纹钢筋及普通螺纹钢筋。常用的钢绞线强度不应低于有关技术规范规定的标准值,如常用的 $7 \times 5mm(d = 15.0mm)$ 钢绞线强度按标准抽样检验的强度,不得低于 1 470MPa。常用的精轧螺纹钢筋直径为 $d = 25mm$ 及 $d = 32mm$,抽检的强度标准值 $d = 25mm$ 的不得低于 900MPa, $d = 32mm$ 的不得低于 750MPa。

锚杆灌浆浆液水灰比为 0.45 ~ 0.5,在加入砂时,应为粒径小于 2.0mm 的洁净砂子。拌和水的要求为饮用水。当掺入外加剂时,应通过试验确定掺加量。

(2)施工工艺。

预应力土层锚杆施工工艺流程如图 4-3-24 所示。

①钻机就位。

一般采用修筑坡道靠钻机自身行走就位,若无法修坡道时,亦可用吊机吊运。

②钻孔(图 4-3-25)。

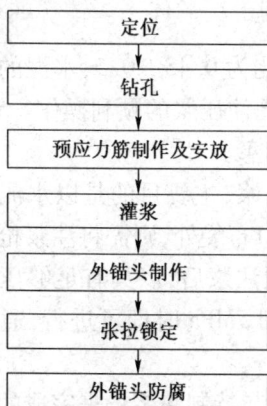

图 4-3-24 预应力土层锚杆施工工艺流程图

图 4-3-25 钻机钻孔

钻机开始钻孔时,应按设计位置先放出锚杆孔的位置并作出标记。

在硬黏土或不易坍孔的地层中钻孔,可采用干式螺旋钻成孔法;在易坍孔的地层中钻孔,则可采用水冲式带护壁套管的成孔法施工。开钻前,现场要备好钻杆和套管,同时应有充足的水源,供水要求有 0.6MPa 的压力,可由水箱及水泵来保证供应。

施钻时应中速运转,根据土质的软硬而调整钻孔机的快慢。钻孔过程中,需经常使套管作往复进退动作,每接一次套管前至少作一次进退动作,以提高孔壁光滑度和减少孔壁与套管间的摩擦阻力。

当钻孔至底部时,稍微延长套管的转动时间,使孔底冲水充分,将悬浮土冲得比较干净,有利于放置锚杆和保证锚杆根部形成比较理想的水泥浆凝固体,从而提高锚杆的承拉力。

钻孔的主要工作量在于接装钻杆和套管。钻杆和套管一般为 1.5m 的标准节,节间以丝扣连接。因此,操作时保护丝扣和及时涂抹掺石墨的润滑油是一项关键性的工作。

在土层锚杆施工现场常有大量含泥沙和水泥浆的泥浆水,对这部分泥浆水要及时予以处理。一般做法是使其经排水沟流至集水井,清水用水泵从上面抽走,下面的泥沙及时挖出,用专用的罐车运送到大容积的沉淀池,定期抽出池内上层浮水,再按计划处理下面的稀泥。

③预应力筋制作及安放。

要在现场设置锚杆组装场地,需搭设组装工作案板和遮阳防雨棚。案板上有供钢索滑行的槽钢,钢索要装在特制的开卷笼内。锚杆组装程序为:接长注浆塑料管→安装钢索支架→绑扎钢索→焊钢索类帽→穿套自由段钢索套管→捆绑封口布袋。

锚杆柔软而细长,质量 4~6kg/m,适宜人力抬运,抬运时 3m 左右一人。抬运锚杆的道路要求平整,现场坡度要小于 1:2。如修土坡有困难,为防止抬运锚杆时弄断注浆塑料管,则应搭设适当坡度的脚手架。

当锚杆抬运到位时,施工人员应检查一遍注浆塑料管是否完好,发现损坏应及时修理。把锚杆尖端对准套管口,再将锚杆徐徐放入套管内,孔口处要有人再次检查注浆塑料管是否有破损,发现问题应及时处理。

露出孔外的锚杆钢索要有足够的长度,根据现有张拉设备和锚固构造要求确定,一般不小于 2m。遇有钻孔超过设计深度时,要采取措施将钢索拴住,直至第一次注浆的浆体达到一定强度后再松开,以防止锚杆顺坡下滑。

④拔套管。

将锚杆杆体放好后,即开始拔套管。

⑤浆液的配合比、搅拌及压力注浆。

水泥灰浆的配合比应经过试配并报批,一般使用的水灰比为 0.45~0.5,水泥的灰浆强度应符合设计规定。配制的灰浆一要保证强度要求;二要保证灌注压浆的顺利操作。

搅拌灰浆要用机械搅拌,并随拌随用,以保证压浆时不堵塞。

连续球体型锚杆的注浆一般分为两次。第一次为填充注浆,主要目的是以水泥浆充满钻孔和封口布袋。注浆压力一般为 0.3~1.0MPa,当注浆至封口布袋处,则需将注浆枪置于布袋中,至浆液充满布袋为止。第二次注浆为劈裂注浆,在第一次注浆后,以具有足够压力的水泥浆劈破已具强度的第一次注浆的浆体。一般在浆体强度达到 5MPa 时即可进行,通常为一昼夜左右。第二次注浆压力为 2.0~4.0MPa。

连续球体形锚杆注浆是以一硬质塑料管连接注浆泵出口与特制注浆枪来完成的。注浆从锚杆下端开始,每 50cm 移动一次定点注浆,直至封口布袋处。

⑥外锚头制作。

围囹用 H 型钢为好,因为 H 型钢双向刚度均大,不需另行加固,使用方便。也可采用工字钢作围囹。

⑦锚杆张拉。

当水泥浆体强度达到 15MPa 时,可对锚杆进行张拉。锚杆张拉由一套专用设备进行,即油泵、穿心式千斤顶和锚具。

锚杆张拉应按张拉程序进行,张拉时由专人操纵机械,记录和观测数据,并随时画出锚杆荷载—变位曲线图,以供判断锚杆质量之用。

⑧锚杆张拉控制应力。

永久性锚杆张拉控制应力 σ_{con} 不应超过 $0.6 f_{ptk}$,临时性锚杆张拉控制应力 σ_{con} 不应超过 $0.65 f_{ptk}$。

(3)施工注意事项。

①为保证施工质量,应加强技术管理工作,建立质量保证体系,制订岗位职责及工序检验制度,以确保按设计要求及施工技术规范施工。当施工过程中出现异常情况需变更设计时,应履行设计变更审批手续。

②认真填写施工原始记录,按要求办理检验签认手续并妥善保管,作为竣工档案资料。

③搞好施工现场的组织管理工作及试验检测工作。注浆时按要求制取试件并在标准条件下养生 28d 试压,作为灰浆强度的凭证。

④在锚杆张拉前,应对张拉设备进行标定,符合要求后方可用于张拉作业。张拉时应严格按张拉程序及设备操作规程操作,并及时填写施工记录,发现问题及时与施工技术负责人联系解决。

⑤应高度重视施工安全工作,除建立安全施工措施外,应确保在施工过程中落实。这里强调预应力张拉施工的安全,施工脚手架搭设牢固,防止钻机设备倾斜、掉落,及高压注浆的安全。

复习思考题

1. 坡面植物防护有哪些种类?
2. 种草防护的适用条件与施工工艺。
3. 三维植被网的适用条件与施工工艺。
4. 坡面骨架植物防护有哪些种类?
5. 浆砌片石骨架植草防护的施工流程与施工要点。
6. 锚杆混凝土框架植草防护的施工流程与施工要点。
7. 坡面圬工防护类型的种类。
8. 喷射混凝土防护施工流程与施工要点。
9. 锚杆挂网喷护施工流程与施工要点。
10. 浆砌片石护面墙种类。
11. 封面捶面的适用条件。
12. 根据防护方法的不同,路基冲刷防护可分为哪两类? 各类又有哪些具体的防护措施?
13. 抛石防护的适用条件。
14. 抛石防护的施工方法。

15. 浸水挡土墙适用条件。

16. 导流坝的作用。

17. 防护林带的适用条件。

18. 改河道的适用条件。

19. 路基滑坡防护常用的工程措施。

20. 抗滑桩的作用与适用条件。

21. 抗滑桩的施工工艺流程。

22. 抗滑桩成孔方法。

23. 挡土墙的类型与特点。

24. 挡土墙的施工流程。

25. 挡土墙的施工要点。

26. 边坡锚固的原理。

27. 边坡锚固施工流程。

28. 如何保证边坡锚固效果。

29. 土钉支护作用与适用条件。

30. 土钉支护施工工艺流程。

31. 边坡锚固与土钉支护的区别。

学习情境五　特殊路基施工

特殊路基是指在由软土、膨胀土、黄土、盐渍土、多年冻土与季节性冻土以及多雨潮湿等地区的土体上修筑的路基。由于这些土体的性质与一般路基土体有较大的区别,因此,在施工时应单独对待。

工作任务一　软土路基施工

🗡 学习目标

1. 叙述软土的特点、分布、常用的地基加固类型;
2. 知道软土路基的特点与工程危害,加固类型的适用条件和施工工艺;
3. 分析软土的力学指标,选择合适的加固类型。
4. 根据公路路基施工技术规范,完成软土路基加固施工技术作业;
5. 正确完成给定的具体软土路基工程,选择适当的地基加固措施,编制施工工艺流程。

🗡 任务描述

通过完成本任务,要明确公路软土路基地基加固常采用的措施及其相应的适用条件。针对具体的软土路基实例,应能提出切实可行的加固方案,编制出相应的施工流程和施工注意事项。

🗡 学习引导

本工作任务沿着以下脉络进行学习:

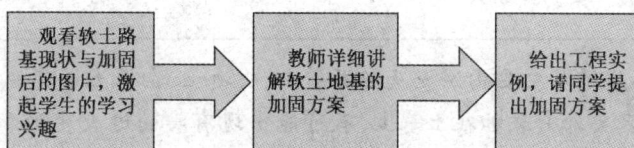

```
观看软土路    →    教师详细讲    →    给出工程实
基现状与加固        解软土地基的        例,请同学提
后的图片,激         加固方案           出加固方案
起学生的学习
兴趣
```

🗡 相关知识

软土是指滨海、湖沼、谷地、河滩沉积的天然含水率高、孔隙比大、压缩性高、抗剪强度低的细粒土。从广义上来说,软土包括松砂、淤泥、淤泥质土、软弱吹填土和杂填土等。软土地基工程地质勘察可按表5-1-1的特征指标综合地鉴别软土。

软土鉴别表　　　　　　　　　　　　　　表5-1-1

特征指标名称	天然含水率(%)	天然孔隙比	十字板剪切强度(kPa)
指标值	≥35 与液限	≥1.0	<35

软土的分类,按成因可分为内陆盆地沉积和海洋沿岸沉积两大类;按其沉积环境及特性的不同,可分为七种类型,其类型分布见表5-1-2。

生成类型		特 征	一般物理力学性质	分布概况
海洋沿岸沉积内陆盆地沉积	泻湖相沉积	颗粒极细,孔隙比大,强度低,常有泥炭薄层,分布范围广,厚度为 2~25m,最大可达 60m	表层硬壳:0~3m 天然重度:14.71~17.65kN/m³ 孔隙比:1.0~2.3 含水率:40%~100% 快剪黏结力:0.2~2.0Pa 内摩擦角:1°~7° 压缩系数:(12~30)×10⁻⁴kPa⁻¹	东海、黄海、渤海等沿海岸地区
	弱谷相沉积	孔隙比大,结构疏松,含水率高,分布范围较窄		
	滨海相沉积	常用砂砾掺杂,组成较乱而不均匀,极疏松渗透性较好,易于固结压缩,面积广,厚度大于 60m,有时达 200m		
	三角洲相沉积	分选性差,结构不稳定,带有交错的粉砂薄层的层理,水平渗透性较好		
	湖相沉积	粉土颗粒,含水率高,层理均匀清晰,厚度一般小于 20m	表层硬壳:0~5m 天然重度:14.71~18.63kN/m³ 孔隙比:0.9~1.8 含水率:35%~70% 快剪黏结力:0.5~2.5Pa 内摩擦角:0°~11° 压缩系数:(8~30)×10⁻⁴kPa⁻¹	洞庭湖、洪泽湖、鄱阳湖、太湖等周边,古云梦泽边缘地带
	河漫滩相沉积	沉积零乱,岩性复杂,富有中细层细砂交错层,呈透镜状分布	天然重度:14.71~18.63kN/m³ 孔隙比:0.8~1.8 含水率:30%~60% 快剪黏结力:0.5~3.0Pa 内摩擦角:0°~10° 压缩系数:(8~30)×10⁻⁴kPa⁻¹	长江中下游河口、珠江下游、淮河平原、闽江下游等地
	丘陵谷地相沉积	呈片带状分布,厚度变化大,底部具有较大横坡,颗粒由山前至谷中逐渐变细,厚度一般为 7~10m		

软土地基就是指压缩层主要由淤泥及淤泥质土、吹填土、杂填土或其他高压缩性土层组成的地基。一般认为,只要外荷载加在土基上,有可能出现有害的过大变形和强度不够等问题,使建筑物(路基、桥涵等构造物)出现下沉、裂缝甚至破坏,这种地基都应该视为软土地基。在公路建设中,软土地基可引起如下几个大的问题:

(1)由于道路等级高,路堤填土高,引起路基的沉降,路堤的失稳。

(2)桥头路堤与桥台的沉降差,在高速行驶的情况下,引起跳车。

(3)软基沉降量超出工后允许范围。

(4)软基上结构物的沉降、涵管弯曲。

(5)软基上各类路面结构类型的设计与施工存在的问题。

从软基加固角度来说,一般砂类土地基承载力比黏质土地基承载力高,沉降也比黏质土小,并且由于砂类土较易透水,它在外荷载作用下产生的沉降能在短时间完成,不像黏质土那样有一个漫长的过程。但是砂类土,特别是松散的细砂或粉砂,在地震力作用下会发生液化,所以砂类土加固如何防止液化是一项重要内容。

一、换填土法施工

当软土地基的承载力和变形满足不了设计要求，而软土层的厚度又不是很大时，将路基底面下处理范围内的软弱土层部分或全部挖去（图 5-1-1），然后分层换填强度较大的砂（碎石、素土、灰土、二灰土等）或其他强度较高、性能稳定、无侵蚀性的材料（图 5-1-2），并用人工或机械方法压（夯、振）实至要求的密实度为止，这种地基处理的方法称为换填土法，它多用于公路构筑物的地基处理。

机械碾压、重锤夯实、振动压实法作为压（夯、振）实垫层的不同施工方法，不但可以处理分层回填垫层材料，同时又可加同地基表层土。

图 5-1-1　软弱土层挖除

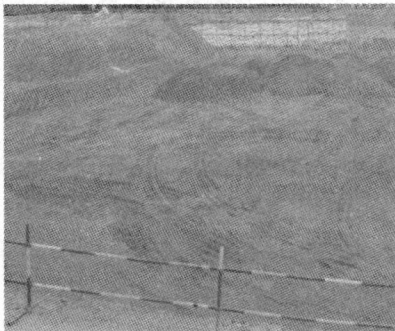

a)

b)

图 5-1-2　软基换填
a）换填土层；b）换填碎石

换填土法按回填不同的材料，命名为该种材料的垫层，如砂垫层、碎石垫层、素土垫层、灰土垫层、二灰土垫层等。虽然不同材料的垫层，其应力分布稍有差异，但从试验结果分析其极限承载力还是比较接近的。通过沉降观测资料发现，不同材料垫层的特点基本相似，故可以近似地按砂垫层的计算方法进行计算。

换填土法适用于淤泥、淤泥质土、素填土、杂填土地基及暗沟、暗塘等浅层和低洼区域处理，还适用于处理湿陷性黄土、膨胀土和季节性冻土等一些区域性特殊土。换填土法的处理深度通常宜控制在 3m 以内，且不宜小于 0.5m，因为垫层太薄，换土垫层的作用将不显著。

1. 垫层材料的选择

换填土法的垫层常用材料为砂、砂石、素土、灰土、二灰土等无黏性土，因为这类土的强度大、压缩性小、透水性好，比较容易使之密实，且在不少地区料源丰富，因而广泛使用。

1）砂和砂石垫层材料

用砂和砂石料作为垫层材料时，应选用颗粒级配良好、质地坚硬的中、粗砂为佳，可掺入一定数量的碎（卵）石，但要分布均匀，颗粒的不均匀系数 C_u 最好不能小于 10。若采用粉细砂，使用时应均匀掺入 25% ~30% 的碎石基卵石，但最大粒径不宜大于 50mm；当碾压（或夯实、振动）功能较大时，亦不宜大于 80mm。

2）素土垫层材料

素土可采用施工过程中挖出的黏性土,土料中有机质含量不得超过5%,也不得含有冻土或膨胀土。当含有碎石时,其粒径不宜大于50mm。素土垫层材料不应采用地表耕植土、淤泥及淤泥质土、杂填土等。

3）灰土垫层材料

灰土垫层是将路基底面下一定范围内的软弱土层挖去,用按一定体积配合比的灰土(石灰和土料)在最佳含水率条件下分层回填夯实或压实,适用于处理厚1~4m的软弱土层。在施工现场用作灰土的熟石灰应予过筛,其粒径不得大于5mm。熟石灰中不得夹有未熟化的生石灰,也不得含有过多的水分。土料常采用施工中挖出的不含有机质的黏性土或塑性指数大于4的粉土拌制,不得使用表面耕植土、冻土、膨胀土以及有机质含量越过8%的土料。土料应过筛,其粒径不得大于15mm。

4）碎石和矿渣垫层材料

碎石垫层用的碎石粒径,一般为5~40mm的自然级配碎石,含泥量不大于5%。

矿渣垫层应根据工程的具体条件选用矿渣垫层材料。大面积填铺时,多采用不经筛分的、不分级的高炉混合矿渣,最大粒径不大于200mm,或不大于碾压分层虚铺层厚的2/3;小面积垫层采用20~60mm分级矿渣。

在碎石和钢渣垫层的底部,为防止基坑表层软弱土发生局部破坏而产生过量沉降,一般应设置一层15~30mm厚的砂垫层,砂料应采用中、粗砂,然后再铺筑碎石或钢渣垫层。

2. 垫层施工方法

（1）当地基表层具有一定厚度的硬壳层,其承载力较好,能上一般运输机械时,一般采用机械分堆摊铺法,即先堆成若干砂堆,然后用机械或人工摊平。

（2）当硬壳承载力不足时,一般采用顺序推进摊铺法。

（3）当软土地基表面很软,如新沉积或新吹填不久的超软地基,首先要改善地基表面的持力条件,使其能上施工人员和轻型运输工具。工程上常采用如下措施:

①地基表面铺荆笆。搭接处用铅丝绑扎,以承受垫层等荷载引起的拉力,搭接长度取决于地基土的性质,一般搭接长20cm。当采用两层荆笆时,应将搭接处错开,错开距离以搭缝的一半为宜。

②表面铺设塑料编织网或尼龙纺织网,纺织网上再作砂垫层。

③表面铺设土工合成材料,土工合成材料上再铺排水垫层。

以上为目前超软地基上施工常用的方法,它们可单一使用,也可混合使用,还可根据当地材料来源,选择具有一定抗拉强度、断面小的材料。但应注意:ⓐ饱水后,材料要有足够的抗拉强度;ⓑ当被加固地基处在边坡位置或将来有水平力作用时,由于材料腐烂而形成软弱夹层,给加固后地基的稳定性带来潜在影响。

④尽管对超软地基表面采取了加强措施,但持力条件仍然很差,一般轻型机械上不去,在这种情况下,通常采用人工或轻便机械顺序推进铺设,如用人力手推车运砂铺设或用轻型小翻斗车铺垫。

无论采用何种施工方法,在排水垫层的施工过程中都应避免对软土表层的过大扰动,以免造成砂和淤泥混合,影响垫层的排水效果。

3. 施工中的注意事项

（1）换填土法施工的关键是将垫层材料压实到设计要求的密实度。压实的方法常用的有机械碾压法、重锤夯实法和振动压实法。这些方法要求垫层材料分层铺设,然后逐层振密或压实。

①机械碾压法是采用压路机、推土机、羊足碾或其他压实机械,利用机械自重压实地基土。施工时先将一定深度内的软弱土挖去,开挖的深度和宽度应根据设计的具体要求确定。先在基坑底部碾压,再将砂石或素(灰、二灰)土等在基坑内分层铺筑,然后逐层压实。机械碾压法施工时,应根据压实机械的压实能量控制碾压土的最佳含水率,选择适当的碾压分层厚度和碾压的遍数。

②重锤夯实法。重锤夯实法是用起重机械将夯锤提升到一定高度,自由落锤,以重锤自由下落的冲击能来夯实浅层地基和垫层填土。重锤夯实分层填土时,每层的虚铺厚度以相当于锤底直径为宜,夯实完后,应将路基表面修整至设计高程。

重锤夯实的现场试验应确定最少夯击遍数、最后 2 遍平均夯沉量和有效夯实深度等。夯实遍数一般为 8～12 遍,一般重锤夯实的有效夯实深度可达 1m 左右,并可消除 1.0～1.5m 厚土层的湿陷性。

③振动压实法是用振动压实机械在地基表面施加振动力以振实浅层松散土的地基处理和垫层压实的方法。实践证明,振动压实法适宜于处理砂、砂石、碎石、炉渣等渗透性较好的无黏性土为主的松散填土,也适宜处理黏粒含量少、透水性较好的松散杂填土。

振实范围应从路基边缘放出 0.6m 左右,先振两边,后振中间,其振实的标准是以振动机原地振实不再继续下沉为合格。地下水位过高会影响振实效果,当地下水位距振实面小于60cm 时,应降低地下水位。另外,施振前应对工程场地周围环境进行调查。一般情况下,振源与邻近建筑物、地下管线或其他设施的距离应大于 3m。如有危房和重要地下管线,应事先进行加固处理。

(2)以黏性土为主的软弱土,宜采用平碾或羊足碾,对杂填土,可用平碾;对砂土、砂山料、碎石土和杂填土,宜采用振动碾或振动压实机;对于狭窄场地、边角及接触带,可用蛙式夯实机。压实效果、分层铺填厚度、压实遍数、最优含水率等应根据具体施工方法及施工机具通过现场试验确定。一般情况下,用平板振动器时,最优含水率为 15%～20%;用平碾及蛙式夯时最优含水率为 8%～12%;用插入式振动器时,宜对饱和的碎石、卵石或矿渣充分洒水湿透后进行夯压。

(3)垫层施工前必须对下卧地基进行检验,如发现局部软弱土层,应予挖除,用素土或灰土填平夯实。对垫层底部有古井、古墓、洞穴、旧基础、暗塘等软硬不均的部位时,应先予清理后,再用砂石逐层回填夯实,并经检验合格后,方可铺填上一层砂石料后再行施工。

(4)严禁扰动垫层下卧的软土,为防止践踏、受冻、浸泡或暴晒过久,坑底可保留 200mm厚土层暂不挖去,待铺砂石料前再挖至设计高程,如有浮土,必须清除,当坑底为饱和软土时,须在土面接触处铺一层细砂起反滤作用,其厚度不计入砂垫层设计厚度内。

(5)砂石垫层的底面宜铺设在同一高程上,如深度不同,基底土层面应挖成阶梯或斜坡搭接,各分层搭接位置应错开 0.5～1.0m 距离,搭接处注意捣实,施工应按先深后浅的顺序进行。垫层竣工后,应及时施工上层路面。

(6)垫层施工应注意控制分层铺填厚度。每层压实遍数宜通过试验确定。分层松铺厚度,可按采用的压实机具现场试验来确定,一般情况下松铺 30cm,分层压实厚度为 20cm。为保证分层压实质量应控制机械碾压速度,一般平碾为 2km/h;羊足碾为 3km/h;振动碾为 2km/h;振动压实机为 0.5km/h。

(7)人工级配的砂石应拌和均匀。用细砂作填料时,应注意地下水的影响,且不宜使用平振法、插振法和水振法。灰土、二灰土材料应拌和均匀,注意配合比,控制含水率。如土料水分过多或不足时,应晾干或洒水润湿。

（8）当施工中地下水位高于挖土底面时,宜采用排水或降水措施,注意边坡稳定,以防止坍土混入砂石垫层中。

（9）压实后的灰土、二灰土应采取排水措施,3d 内不得受水浸泡。

（10）灰土、二灰土垫层铺筑完毕后,要防止日晒雨琳,及时铺筑上层路面。

二、抛石挤淤法施工

抛石挤淤法就是通过向流塑状的、高灵敏度的饱和软土中抛入较大的片石、块石,使片石、块石强行挤出饱和软土并占据其位置,以此来提高地基承载力,减小沉降量,提高土体的稳定性的地基处理法,如图 5-1-3 所示。

图 5-1-3　抛石挤淤

在修建道路处,若系常年积水的洼地,排水困难,地基为软弱土,承载力极小,而且近于流塑状态,附近又有石料可资利用,经济上适宜时,可考虑采用抛石挤淤方法修筑路基。

采用抛石挤淤法,地基的地质条件除土接近流塑,承载力极小之外,软弱土的厚度一般不宜大于 4m,且其下有较硬的承载层,表层无硬壳层,所抛片石能沉达底部。

石料的选择,应选用不易风化的片石,片石厚度或直径不宜小于 300m。

抛石挤淤应按照路堤断面及所处的地形进行施工。一般情况下,应从路堤中部开始,使中部先从积水洼地露出之后,再渐渐向两侧扩展,以便淤泥向前及两侧挤出。当软土或泥沼底面有较大横坡（陡于 1:10）时,抛石则应自高侧向低侧填筑,并在低侧坡脚外一定宽度内同时抛填形成片石平台,使所筑路堤处于稳定状态。

在片石抛填出水面之后,宜用强力振实设备进行振实,使片石落位稳定。然后在已稳定的片石层上铺填一层碎石,再次进行强力振实和碾压,使碎石嵌入片石缝中,反复进行,以使填石密实。此层完成之后,按一般路堤施工方法进行路堤的填筑。抛石挤淤的断面,如图 5-1-4 所示。

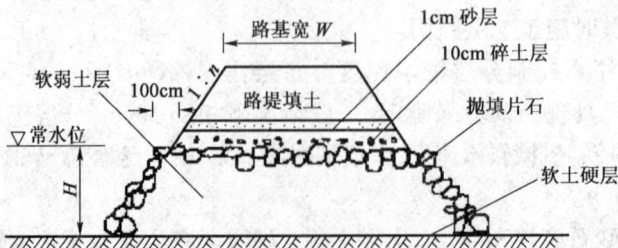

图 5-1-4　抛石挤淤断面图

三、其他施工方法

除上述换填土法和抛石挤淤法两种常用的处理方法外,软土路基的处理方法还有很多,下面简要介绍。

1. 排水固结法

排水固结法是对天然地基,或先在地基中设置砂井(袋装砂井或塑料排水带)等竖向排水体,然后利用建筑物本身重量分级逐渐加载;或在建筑物建造前在场地上先行加载预压,使土体中的孔隙水排出,逐渐固结,地基发生沉降,同时强度逐步提高的方法。该法常用于解决软黏土地基的沉降和稳定问题,可使地基沉降在加载预压期间基本完成或大部分完成,使建筑物在使用期间不致产生过大的沉降和沉降差。同时,可增加地基土的抗剪强度,从而提高地基的承载力和稳定性。

排水固结法由排水系统和加压系统两部分共同组合而成,如图 5-1-5 所示。

排水固结法适用于处理各类淤泥、淤泥质土及冲填土等饱和黏性土地基,其具体方法分为:砂井与袋装砂井预压固结法、排水板预压固结法和真空预压排水固结法。

图 5-1-5 排水固结法

排水固结法
- 排水系统
  - 竖直排水体
    - 普通砂井
    - 袋装砂井
    - 塑料排水带
  - 水平排水体—砂垫
- 加压系统
  - 堆载
  - 真空法
  - 降低地下水位法
  - 电渗法
  - 联合法

2. 复合地基加固法

复合地基是指天然地基在地基处理过程中部分土体得到增强,或被置换,或在天然地基中设置加筋材料,加固区是由基体(天然地基土体)和增强体两部分组成的人工地基。

(1)砂桩挤密法:指用振动、冲击或水冲等方式在软弱地基中成孔后,再将砂挤压入已成的孔中,形成大直径的砂所构成的密实桩体。

(2)碎石挤密桩法:碎石挤密桩加固软弱地基主要是利用夯锤的垂直夯击填入孔中的碎石,夯击能量通过碎石向孔底及四周传递,将孔底及桩周围的土挤密,并有一些碎石挤入碎石桩四周的软土中,形成碎石桩的同时,桩周也形成一个与碎石胶结的挤密带,提高原地基的承载力,碎石桩与桩间地基土形成复合地基,共同承担上部荷载。

(3)CFG 桩法:水泥粉煤灰碎石桩(Cement Flyash Gravel Pile),简称 CFG 桩,是在碎石桩基础上加进一些石屑、粉煤灰和少量水泥,加水拌和制成的一种具有一定黏结强度的桩,和桩间土、褥垫层一起形成复合地基,也是近年来新开发的一种地基处理技术。

(4)树根桩法:树根桩是一种用压浆方法成桩的微型桩。树根桩是指桩径在 70 ~ 250mm,长径比大于 30,采用螺旋钻成孔、加强配筋和压力注浆工艺成桩的钢筋混凝土就地灌注桩。

(5)夯实扩底桩与混凝土薄壁管桩法:夯实护底灌注桩(简称夯实扩底桩)通过击入沉管全部现浇混凝土,利用重锤夯击桩端新灌混凝土,在最大限度地扩大桩头的同时,对桩端地基强制夯实挤密。通过桩端截面的增大和对地基土的挤密,显著提高桩头地基承载能力,进而提高桩端竖向承载力。然后现浇混凝土桩身,形成桩侧摩阻力。

混凝土薄壁管桩复合地基采取自动排土振动灌注成桩技术,依靠沉腔上部锤头的振动力将内外双层钢套管所形成的环形腔体在活瓣桩靴的保护下打入预定的设计深度,在腔体内现浇混凝土,然后振动拔管,在环形区域中土体与外部土体之间便形成混凝土管桩。

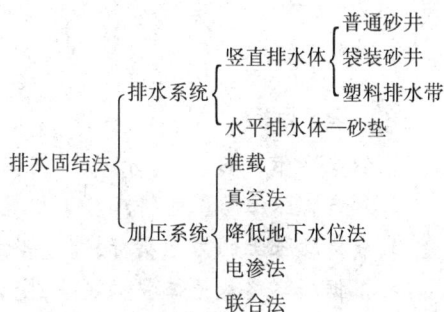

（6）水泥搅拌桩法：指利用喷浆型搅拌机或喷粉型搅拌机将水泥浆或水泥粉喷入软土中形成水泥土，通过水泥土的物理化学反应，水泥土硬化后使软土地基的承载力得以提高，减少沉降量。

（7）石灰搅拌桩法：简称 DLM 法（Deep Lime Mixing），是将磨细后的生石灰颗粒用压缩空气通过竖管送入土中，同时开动电动机，通过传动轴转动装于竖管下端的搅拌轮叶，使石灰与软土混合，改善软土的性质。

（8）高压旋喷桩法：是利用钻机把带有喷嘴的注浆管钻进至土层的预定位置后，以高压设备使浆液成为 20~40MPa 的高压射流从喷嘴中喷射出来，冲击破坏土体，同时钻杆以一定速度渐渐向上提升，将浆液与土粒强制搅拌混合，浆液凝固后，在土中形成一个固结体，从而加固地层。

工作任务二　膨胀土地区路基施工

学习目标

1. 叙述膨胀土的特点、分布、常用的工程处理措施；
2. 知道膨胀土路基的特点与工程危害，处理方案的适用条件和施工工艺；
3. 分析膨胀土的力学指标，选择合适的处理措施；
4. 根据公路路基施工技术规范，完成膨胀土路基处理施工技术作业；
5. 正确完成给定的具体膨胀土公路路基工程，选择适当的处理措施，编制施工工艺流程。

任务描述

通过完成本任务，要明确膨胀土地区公路路基常采用的处理措施及其相应的适用条件。针对具体的膨胀土路基实例，应能提出切实可行的处理方案，编制出相应的施工流程和施工注意事项。

学习引导

本工作任务沿着以下脉络进行学习：

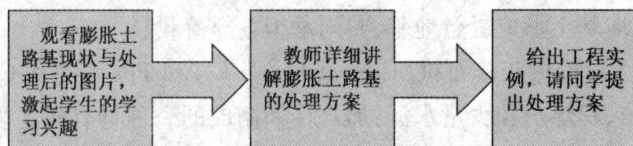

观看膨胀土路基现状与处理后的图片，激起学生的学习兴趣 → 教师详细讲解膨胀土路基的处理方案 → 给出工程实例，请同学提出处理方案

相关知识

膨胀土是指黏粒成分主要由强亲水性矿物蒙脱石和伊利石组成的多裂隙并具有显著胀缩性的黏性土。我国由于膨胀土地基致害的建筑面积达 1 000 万 m² 以上，公路工程中因膨胀土发生的边坡失稳、路基变形、路面破坏、构造物开裂、倒塌等公路病害造成的经济损失是十分巨大的。

在自然条件下，膨胀土多呈硬塑或坚硬状态，颜色为黄、红、灰白色，裂隙发育，常见光滑面和擦痕。其吸水膨胀、失水收缩并且反复变形的性质（图 5-2-1），以及土体中杂乱分布的裂隙，对路基、轻型建筑、机场、岸坡及堤坝等都有严重的破坏作用。在我国，膨胀土在黄河流域及其以南地区分布较广泛。

108

一、膨胀土的工程性质

膨胀土因其组成含有大量的强亲水性黏土矿物,故具有吸水量大、高塑性、快速崩解性、很强的胀缩性、多裂隙性和强度衰减性。同时又因膨胀土沉积时代较早,历史上承受过较现在更大的上覆压力,因此,其压缩性不大,并多具有超固结性。这些性质构成了膨胀土区别于其他土类的独有工程地质性质。它们是对膨胀土进行工程性质评价比较重要的基本技术指标。

二、膨胀土路基施工

1. 路堤填筑

(1)铺筑试验路段。膨胀土地区路堤施工前,应按规定做试验路段,为路堤的正式施工提供数据资料和经验。

(2)原地面处理。在膨胀土地区修建公路,特别是修建高速及一级公路时,在路堤填筑前,必须对原地面进行处理,并应满足如下要求:

①填高不足1m的路堤,必须挖去地表30~60cm的膨胀土,换填非膨胀土,按规定压实。

②地表为潮湿土时,必须挖去湿软土层,换填碎、砾石土,砂砾或挖方坚硬岩石碎渣,或将土翻开掺石灰处理。

(3)填筑材料及作业要求。强膨胀土稳定性差,不应作为路堤填料;中等膨胀土宜经过加工,改良处理后作为填料;弱膨胀土可根据当地气候、水文情况及道路等级加以应用,胀缩总率不超过0.7%的弱膨胀土可直接填筑。对于直接使用中、弱膨胀土填筑路堤时,应及时对边坡及顶部进行防护。

①高速、一级、二级公路采用中等膨胀土作路床填料时,应做掺灰(一般为石灰)改性处理,改性处理后要求胀缩总率应不大于0.7%。

②限于条件,高速、一级公路用中等膨胀土填筑路堤时,路堤填成后,应立即做浆砌护坡封闭边坡。当填至路床底面时,应停止填筑,改用符合强度要求的非膨胀土或改性处理的膨胀土填至路床顶面设计高程并进行严格压实。如当年不能铺筑路面,则应加做封层,封层的填筑厚度不宜小于20cm,并设不小于2%的横坡。

③使用膨胀土作填料时,为增加其稳定性,可采用石灰处治,石灰剂量可通过试验确定,要求掺灰处理后的膨胀土,其胀缩总率接近零为佳,图5-2-2为膨胀土填筑。

图5-2-1 失水收缩后的膨胀土

图5-2-2 膨胀土填筑

④公路可用接近最佳含水率的膨胀土填筑路堤,但两边边坡部分要用非膨胀土作为封层。路堤顶面也要用非膨胀土形成包心填方。

2. 路堑开挖

（1）施工前的准备。路堑施工前，先开挖截水沟并铺设浆砌圬工，其出口应延伸至桥涵进出口。

（2）开挖作业及要求。膨胀土地区路堑开挖应按下列要求办理：

①挖方边坡不要一次挖到设计线，沿边坡预留厚度 30～50cm 一层，待路堑挖完时，再削去边坡预留部分，并立即以浆砌护坡封闭。

②如路基与路面不连续施工时，二级及以下公路的挖方地段挖到距路床顶面以上 30cm 时，应停止向下开挖，并挖好临时排水沟，待做路面时，再挖至路床顶面以下 30cm，用非膨胀土回填，并按要求压实。如路基与路面连续施工时，对高速、一级公路应一次性超挖路床 30～50cm，并立即用粒料或非膨胀土分层回填或用改性土回填，按规定压实。

3. 路基碾压

（1）先要根据膨胀土自由膨胀率的大小，选用工作质量适宜的碾压机具。一般地，自由膨胀率越大的土应采用的压实机具越重。

（2）由于膨胀土遇水易膨胀，因此压实时，应在最佳含水率时进行。

（3）压实土层不宜过厚，一般不得大于 30cm。

（4）土块应击碎至 37.5mm 粒径以下，使土块中水分易于蒸发，减少土块本身的膨胀率，有利于提高压实效率。

（5）路堤与路堑分界处，即填挖交界处，两者土内的含水率不一定相同，原有的密实程度也不相同，压实时应使其压实得均匀、紧密，避免发生不均匀沉陷。因此，填挖交界处 2m 范围内的挖方地基表面的土应挖成台阶，翻松，并检查其含水率是否与填土含水率相近，同时采用适宜的压实机具，将其压实到规定的压实度。

（6）因膨胀土路基压实后的紧密程度比一般土填筑的路段更重要，因此，压实度的检验频率应增加 1 倍，为每 2 000m² 检查 16 点。

4. 施工注意事项

（1）膨胀土地区的路基施工，应避开雨季作业，加强现场排水，保证地基和已填筑的路基不被水浸泡。

（2）膨胀土地区路基施工，开挖后各道工序要紧密衔接，连续施工，分段完成，特别是高速、一级公路更应如此，路基填筑后不应间隔太久或越冬后做路面。

（3）路堤、路堑边坡按设计修整后，应立即浆砌护墙、护坡，防止雨水直接侵蚀。

（4）膨胀土地区路床土的强度及压实标准应符合有关规定。

5. 施工中的控制要点

由于膨胀土在一般情况下不宜作为路堤填料，但公路所经膨胀土地区常常由于路线长，膨胀土分布范围广，难以找到非膨胀土，这就提出了改善膨胀土特性、满足填方要求的课题。在实际施工中，除强膨胀土不宜使用外，对中等和弱膨胀土可以采取相应的治理措施，增加其稳定性，主要的方法是在膨胀土中加入稳定剂（石灰）和冲稀材料（砾石或粉煤灰）。在膨胀土中加入石灰进行改性处理，主要是针对黏土矿物中易亲水的蒙脱石、伊利石，使其与石灰发生物理、化学作用，进行离子交换。施工中要控制好以下几个要点：

（1）掺加石灰对膨胀土进行改性处理。膨胀土中加入石灰后，由于石灰水化产生大量钙离子，与膨胀土中的蒙脱石、伊利石等矿物层起吸附水作用，同时也把大量钙离子和溶液中析出的 $Ca(OH)_2$ 粒子，吸附到其颗粒周围，这些作用形成石灰的水化物在膨胀土矿物颗粒表面聚集。经硬化结晶,形成一种防止膨胀土颗粒内水化散和外水内侵的固化层。其结果将使膨胀土减弱亲水性,增加自身的稳定。

(2)加强土的粉碎和拌和的均匀性。自取土坑挖出的土块,一般粒径都较大,大的达5～10cm,经风吹日晒形成外硬内塑的状态,施工时必须将土块击碎在5cm以下,通常在土块外表的含水率略大于最佳含水率时旋耕,粉碎效果较好。同时要求石灰要与土拌和均匀,为了避免出现素土夹层和大块集中区,碾压厚度控制在旋耕机一般旋耕深度(25cm)以内。

(3)加强压实。与一般路基相比,压实机具应选重型压路机、振动压路机或35～50t的轮胎压路机。压路机的行驶速度不宜超过4km/h。碾压时,直线段由双边向中央,小半径曲线由内侧向外侧,纵向进退式进行;横向接头处振动压路机要重叠0.4～0.5m,对三轮压路机一般重叠后轮的1/2,前后两相邻区段纵向重叠1～2m,做到无漏压,无死角。在路堤与路堑分界地段更应碾压密实。考虑到膨胀土路堤的沉降,路堤边缘两侧应各加宽30～50cm,路基成型后刷坡整平。

由于雨水的侵入,路基会出现表面隆起、膨胀,因此,雨后及时复压,对保证路基密实度也很有必要。

(4)路堤填筑要连续施工。完工之后,路堤两侧边坡的防护封闭工程必须及时施工,做好膨胀土路基的防水、保温、防风化工作。

(5)有条件的地方对黏土路基顶面80cm,应选用非膨胀土回填。

工作任务三 黄土地区路基施工

学习目标

1. 叙述黄土的特点、分布、常用的工程处理措施;
2. 知道黄土路基的特点与工程危害,处理方案的适用条件和施工工艺;
3. 分析黄土的力学指标,选择合适的处理措施;
4. 根据公路路基施工技术规范,完成黄土路基处理施工技术作业;
5. 正确完成给定的具体黄土公路路基工程,选择适当的处理措施,编制施工工艺流程。

任务描述

通过完成本任务,要明确黄土地区公路路基常采用的处理措施及其相应的适用条件。针对具体的黄土路基实例,应能提出切实可行的处理方案,编制出相应的施工流程和施工注意事项。

学习引导

本工作任务沿着以下脉络进行学习:

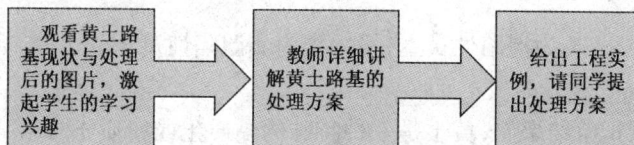

观看黄土路基现状与处理后的图片,激起学生的学习兴趣 → 教师详细讲解黄土路基的处理方案 → 给出工程实例,请同学提出处理方案

相关知识

黄土是第四纪的一种特殊堆积物,颜色以淡黄色为主,有黄、褐等色,颗粒组成以粉土颗粒为主,富含硫酸盐,具有大孔隙,黄土地貌见图5-3-1。黄土在我国主要分布在北纬34°～41°大

111

陆内部干旱和半干旱地区,即西北、华北、内蒙古等地区。其中以黄土高原的黄土沉积最为典型。黄土高原主发是指秦岭以北、长城以南、太行山以西、日月山以东的黄河中游地区的陕、甘、宁、豫、晋等省,河北、山东、青海及新疆等地亦有所分布。

图 5-3-1 黄土地貌

一、黄土的工程特性

1. 黄土的结构特征

(1)黄土的颗粒组成以粉粒为主,其含量可达 50% 以上,其中粗粉粒(0.01~0.05mm)含量又大于细粉粒(0.005~0.01mm)含量。

(2)黄土孔隙率为 35%~60%,从地理分布上则自东向西、自南向北孔隙率逐渐增大。黄土中的孔隙呈垂直或倾斜的管状,以垂直为主,上下贯通。其内壁附有白色的碳酸钙薄膜。碳酸钙的胶结对黄土起着加固的作用。

(3)黄土的节理。黄土的节理以垂直节理为主,一般在干燥而固结的黄土层中比较发育,土层上部比下部发达。黄土中的斜节理是由新构造运动造成的。

2. 黄土的渗水、收缩、膨胀和崩解

由于黄土孔隙率大及垂直的节理,所以垂直方向的透水性比水平方向大。即使经压实后,孔隙及节理被破坏,因黄土中的粗粒含量高,其渗水也比一般黏质土强。

黄土遇水后便膨胀,干燥后又收缩。经多次胀缩后,容易形成裂缝及剥落。由于土的自重作用使粉粒在垂直方向的间距变小,所以具有天然湿度的黄土在干燥后,水平方向的收缩量比垂直方向的收缩大。不同类别黄土的崩解情况相差很大。新黄土浸入水中很快就崩解,而老黄土要经过一段时间才全部崩解,红色黄土基本不崩解。

3. 黄土的物理特性

1)黄土的抗剪强度

黄土的抗剪强度以水平方向最大,垂直方向最小;冲积、洪积有水平层理关系的黄土,则正好相反,水平方向小而垂直方向大。

2)黄土的湿陷性

黄土可分为两类,一类为湿陷性黄土,另一类为非湿陷性黄土。

3)黄土的液塑限

从黄土的液塑限试验结果看,黄土是一种特殊的黏质土或粉质土。

4)黄土的击实特性

黄土的最大干密度为 $1.85~1.89g/cm^3$,最佳含水率为 13.8%~15.0%。高等级公路使用黄土填筑路堤时施工含水率的控制范围很小。这就是黄土填筑高等级公路路堤的困难所在。

二、黄土地区路基施工

1. 常规路堤施工方法及注意事项

黄土路堤施工除采用常规路堤的施工方法外,应特别注意以下事项。

1)施工含水率的控制

黄土压实对水很敏感,含水率的施工控制较难。施工时,应通过击实曲线确定达到某一压实标准干密度相应的含水率范围,并应在取土场控制。如取土场天然含水率低于施工要求含水率范围,则可在取土场采用闷土提高土的含水率。闷土时,在取土场表面修筑网状水渠,浇水使其均匀渗入土中,若干天后即可使用。

黄土地区大多干旱少雨,路基施工的主要困难是水源缺乏。因此在求得最佳含水率后,摊铺厚度应控制在 25~30cm,可将现场含水率控制在低于最佳含水率的 1~2 个百分点以内,选用 15t 以上的压路机进行碾压。这样减少了用水量,也可以达到要求的密实度。

在施工中为防止和减少水的蒸发,上路的土要及时碾压,洒水后的土达到最佳含水率时也要及时进行碾压。

2)摊铺

路基土运到现场后应及时摊铺(图 5-3-2)。当使用普通振动压路机时,必须保证摊铺厚度在 30cm 以内,厚度应在现场经过试验路段试验后确定。施工中常见的问题是摊铺厚度超厚,摊铺的平整度问题也一直被忽视。如果路基不平整,碾压后各个点上土的受力就不同,造成路基强度不均匀,日后会形成不均匀变形及沉降。路基刚碾压完时平整度很好,而经过一段时间行车就会出现凹凸不平。

3)碾压

同一种土的最佳含水率随压实功能的增加而减少,而最大密度则随压实功能的增加而增大。当含水率一定时,压实功能越大,则密实度越高。黄土路堤施工中选择适当的压路机非常重要。一般情况下,应选择 18t 以上的重型压路机。当采用振动式压路机时,配合以静碾光轮压路机可弥补表层密度不够的缺陷。

黄土路堤试验路资料显示,宽填尺寸不小于 50cm 时,路基边缘压实度才可保证。所以,施工中宽填尺寸应不小于 50cm,以保证路基的整体压实度达标。同时,尽可能增加光轮压路机在边缘的压实遍数(图 5-3-3)。

图 5-3-2　黄土摊铺

图 5-3-3　黄土碾压

4)压实度的检测

黄土路堤施工压实度的检测要及时、快速,发现不符合要求的地段应及时进行补压处理,以确保填筑质量。

5）黄土路堤施工注意事项

（1）严格控制黄土的含水率，使其接近最佳含水率。

（2）选用大吨位的压实机具。

（3）因黄土的压实对含水率很敏感，施工时在多雨季节要注意防雨和排水；摊铺时要做成2%～4%的路拱，以防筑面积水；上料时随上随摊铺并及时碾压；当水分过大出现弹簧现象时，应换填砂砾或用石灰粉处理。

（4）做好排水设施。因黄土易受水冲蚀，为防止下雨时路拱汇集的水冲刷路堤边坡，要及时修筑边坡防护工程，以确保已施工的路堤边坡不被冲出深沟，影响路堤的安全。

2.路堑的施工

1）边坡

黄土路堑边坡，应严格按设计坡度开挖，如设计为陡坡时，施工中不得放缓，以免引起边坡冲刷。

黄土路堑边坡受各种因素的影响，容易产生变形，因此，施工中应采取措施进行边坡的防护加固，见图5-3-4。

2）路床

路堑施工，当挖到接近设计高程时，应对上路床部分的土基整体强度和压实度进行检测。

图5-3-4　施工完的黄土边坡

如路堑路床土质符合设计规定时，则应将其挖除，另行取土，分层摊铺、碾压至规定的压实度。挖除厚度根据道路等级对路床的要求而定，高速公路、一级公路宜挖除50cm，其他公路可挖除20cm。

如路堑路床的密实度不足，土质符合设计规定，则视其含水率的情况或经洒水或经翻松晾晒至要求含水率后，再进行整平碾压至规定压实度。

三、湿陷性黄土地区路基施工

1.湿陷性黄土的分布

湿陷性黄土占我国黄土地区总面积的60%以上，而且又多出现在地表上层，主要分布在山西、陕西、甘肃大部分地区以及河南西部，其次是宁夏、青海、河北的部分地区，新疆、山东、辽宁等地局部也有发现，分布十分广泛。

2.湿陷性黄土的特性

湿陷性黄土具备黄土的一般特征，如黄色或黄褐色，粒度成分以粉土颗粒为主约占50%以上，具有肉眼可见的孔隙等。另外，它呈松散多孔结构状态，孔隙比常在1.0以上，天然剖面具有垂直节理，含水溶性盐（碳酸盐、硫酸盐类）较多，垂直大孔性、松散多孔结构，遇水后土颗粒间的加固凝聚力即降低或消失而沉陷。

3.湿陷性黄土地基的处理

湿陷性黄土地基的处理目的是改善土的性质，减少土的涌水性、压缩性，控制其湿陷性的发生，以保证工程质量。对路基原地表土层采取必要的措施，如重机碾压、重锤夯实、石灰挤密加固、换填土等，提高土层承载力，减少下沉量。路基地基处理面积大，范围广，如采用重锤夯实、石灰挤密加固、换填土的办法。对Ⅰ、Ⅱ级湿陷性黄土处理，则工程量大，造价高，工期长。因此，国内许多高速公路都采用冲击压路机，见图5-3-5。冲击压路机具有作用力大、作用深度深的优点,其压实有效深度能达到 1m 以上,一般合理的压实遍数在 12~15 遍,作业速度快,对 4 000m² 路基地基连续作业 15 遍仅需 3h。

对涵洞、通道构造物湿陷性黄土地基的处理,常用的方法有灰土(或素土)垫层、重锤夯实、灰土(或素土)挤密桩,可根据地基湿陷等级、结构物的要求处理厚度、施工技术条件等而选择使用。

图 5-3-5　冲击压路机

1)灰土(或素土)垫层处理湿陷性黄土地基

将基底以下湿陷性土层全部挖出或挖至设计的深度,然后以灰土(3∶7)或素土(就地挖出的黏质土)分层回填,分层夯实。它消除了垫层范围内的湿陷性,减轻或避免了地基附加压力产生的湿陷,施工简易,效果显著,适用于处理厚度较小的湿陷性黄土。I 级湿陷性黄土段落构造物基底多采用超挖 80cm 素土回填压实再换填 30~50cm 灰土垫层。

2)重锤夯实处理湿陷性黄土地基

重锤夯实法适用于地下水位以上的湿陷性黄土,重锤夯实能增加土的密实度,减少或消除地基土的湿陷变形,并可提高地基承载力,见图 5-3-6。

一般采用锤重 100~200kN,落距 10~20m 夯击湿陷性黄土,可消除 4~8m 深度内黄土的湿陷性。

3)灰土(或素土)挤密桩处理湿陷性黄土地基

灰土(或素土)挤密地基是桩间挤密土和填夯的桩体组成的人工复合地基,见图 5-3-7。沉桩时土的侧向挤密效应,单桩的影响半径通常为 1.0~1.5 倍的桩径。挤密桩通过桩与桩之间的挤密效果的叠加使桩与桩间土共同作用,以保持地基的稳定性。灰土(或素土)桩承担的荷载是通过桩的摩擦力向桩周围的土传递,其深度一般为 6~10 倍桩径。

图 5-3-6　黄土地基重锤土夯实

图 5-3-7　挤密桩施工

施工中采用沉管法成孔,使用柴油打夯机,锤重 25kN,落距 250cm。桩孔填夯采用安装在自卸汽车上行走的偏心轮夹杆式夯实机,夯锤重 1 000kN,落距 100cm,每分钟击 40~50 次。

灰土(或素土)挤密桩可处理厚度较大的湿陷性黄土,最大处理深度可达 15m。实践证明,复合地基承载力较高,施工操作方便且经济。

工作任务四　盐渍土地区路基施工

学习目标

1. 叙述盐渍土的特点、分布、常用的工程处理措施；
2. 知道盐渍土路基的特点与工程危害，处理方案的适用条件和施工工艺；
3. 分析盐渍土的力学指标，选择合适的处理措施；
4. 根据公路路基施工技术规范，完成盐渍土路基处理施工技术作业；
5. 正确完成给定的具体盐渍土公路路基工程，选择适当的处理措施，编制施工工艺流程。

任务描述

通过完成本任务，要明确盐渍土地区公路路基常采用的处理措施及其相应的适用条件。针对具体的盐渍土路基实例，应能提出切实可行的处理方案，编制出相应的施工流程和施工注意事项。

学习引导

本工作任务沿着以下脉络进行学习：

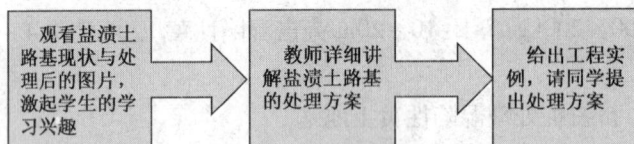

观看盐渍土路基现状与处理后的图片，激起学生的学习兴趣　➡️　教师详细讲解盐渍土路基的处理方案　➡️　给出工程实例，请同学提出处理方案

相关知识

盐渍土是指地表1m内易溶盐含量超过0.3%时的土层。

土中最常遇到的易溶盐类主要有：氯化钠、氯化镁、氯化钙、硫酸钠、硫酸镁、碳酸钠、重碳酸钠，有时也可遇到不易溶解的硫酸钙和很难溶解的碳酸钙。

1. 盐渍土的分布

盐渍土的分布见表5-4-1。

盐渍土分布　　　　　　　　　　　　　　　　　　表5-4-1

依据	名称		说明
按地理分布区域	沿海盐渍土区		包括辽宁、河北、山东、江苏等省沿海地区，主要是由于受海水浸渍或海岸退移形成。主要是氯盐渍土，一般含盐量在5%以下；该区气候比较湿润，地下水位较高，水对这些地区的盐渍土的稳定性影响最大；在修长路基中要特别关注水的影响
	内陆盐渍区	半干旱与干旱盐渍土亚区	包括新疆、青海、甘肃、内蒙古、宁夏、陕西、河北、河南、山东、辽宁、吉林、黑龙江等省（自治区）荒漠、半荒漠地区和部分草原、森林草原地区，其界限大致为0.05＜湿润系数K＜0.75；盐渍土常再现于某些河道附近与平原低注地带，以及一些灌渠附近；这一亚区面积最大，盐渍化类型多种多样，盐渍化程度相差悬殊，气候、地质条件也各不相同，因此，水对这一亚区盐渍土稳定性的影响也有很大的差别；在修筑路基中要特别关注水对路基稳定性的不同影响
		过干盐渍土亚区	包括新疆、青海、甘肃、内蒙古等省（自治区）中最干旱的一些荒漠地区，主要有塔里木盆地、柴达木盆地、阿拉善荒漠等；界限大致确定为：年降水量小于100mm及其他地区少见的硝酸盐和硼酸盐；因气候非常干燥，水对盐渍土的稳定性影响最小；在一定条件下，可利用盐渍土和岩盐修筑路基或铺筑低、中级路面

2.盐渍土分类

盐渍土的分类见表5-4-2。

盐 渍 土 分 类   表 5-4-2

依据	名 称	说 明
按形成条件	盐土	是指以含有氯盐及硫酸盐为主的盐渍土。往往是地下水位很高时,水中盐分由于毛细管作用,经过蒸发而聚集在土的表层。海水浸渍也能形成盐土。在草原和荒漠中的洼地,由于带有盐分的水流入,经过蒸发而形成盐土
	碱土	是由盐土因地下水位降低而形成或由地表水的渗入多于土中水的蒸发时形成。其特点是在表土层中含有少量的碳酸钠和重碳酸钠,不含或仅含微量的其他易溶盐类,黏土胶体部分为吸附性钠离子所饱和。碱土常具有明显的层次,表层为层状结构的淋溶层,下层为柱状结构的沉淀层。在深度40~60m土层内含易溶盐最多,同时也聚积有碳酸钙和石膏
	胶碱土（龟裂黏土）	生成于荒漠或半荒漠的地形低洼处,大部分是黏性土或粉性土,表面平坦,不长植物。干燥时非常坚硬,干裂成多角形。潮湿时立即膨胀,裂缝挤紧,成为不透水层,非常泥泞。胶碱土的整个土体内易溶盐的含量均较少,盐类被淋溶至0.5m以下的地层内,而表面往往含有吸附性的钠离子

3.盐渍土路基的主要病害

盐渍土路基的主要病害见表5-4-3。

盐渍土路基主要病害   表 5-4-3

序号	病害名称	说 明
1	溶蚀	主要是氯盐渍土,其次是硫酸盐渍土,浸水后土中盐分溶解,可形成雨沟、洞穴,甚至湿陷、坍陷等
2	盐胀	硫酸盐渍土盐胀作用强烈。在冷季,土基内的盐胀,可导致路面不平、鼓胀、开裂,是盐渍地区高等级公路最突出的病害。路基边坡及路肩表层在昼夜温度变化所引起的盐胀反复作用下,变得疏松、多孔,易遭风蚀,并易陷车
3	冻胀	氯盐渍土,当含盐量在一定范围内时,由于冰点降低、水分聚流时间加长,可加重冻胀。但含盐量更多时,由于冰点降低多,路基将不冻结或减少冻结,从而不产生冻胀或只产生轻冻胀。硫酸盐渍土对冻胀具有和氯盐渍土类似的作用,但冰点降低不如氯盐渍土多,影响不如氯盐渍土显著。碳酸盐渍土由于透水性差,可减轻冻胀
4	翻浆	氯盐渍土,当含盐量在一定范围内时,不仅可加重冻胀,也可加重翻浆。当含盐量更多时,也因不冻结或减少冻结而不翻浆或减轻翻浆。硫酸盐渍土,在降低冰点方面,其作用和氯盐渍土类似,可加重翻浆,但不如氯盐渍土显著。春融时,结晶硫酸钠脱水可引起加重翻浆的作用

4.盐渍土地区路基施工

1)施工季节的选择及施工程序安排

在盐渍土地区筑路,应尽可能地考虑当地盐渍土的水盐状态特点,力求在土的含水率接近于最佳含水率的时期不发生冻结,也不在积水季节进行施工。根据这一原则,一般认为:当地下水位高,对黏性土的盐土地区,以夏季施工为宜;对砂性土的盐土地区,以春季和夏初施工为宜;强盐渍土地区,应在表层含盐量降低的春季施工为宜;对于不冻结的土,可以考虑冬季施工。

盐渍土路基要分段一次做完。自基底清除过盐土开始，要连续施工，一次做到路堤的设计高程，不可间断。在设置隔离层的地段，至少也要一次做到隔离层的顶部，以避免路基的再盐渍化和形成新的盐壳。

2）基底（包括护坡道）处理

盐渍土路基基底的处理应视含盐量、含水率及地下水位而定。

从含盐量方面看，由于一般盐渍土地区的含盐量往往表层最大，故当路堤底部表层盐渍土含有过量盐分（含盐量大于8%），或表土松软有盐壳时，应在填筑前，将路堤基底与取土坑范围内的表层过盐渍土铲除，铲除深度应根据土的试验资料决定，一般为0.1～0.3m。如路堤高度小于1.0m时，除将基底含盐量较重的表土挖除外，应换填渗水性土，其厚度对高速公路、一级公路不应小于1.0m，其他公路不应小于0.8m。

当路堤高度小于表5-4-4的规定时，除应将基底土挖除外，并应按设计要求换填透水性较好的土。

盐渍土地区路堤最小高度 表5-4-4

土质类别	高出地面(m)		高出地下水位或地表长期积水位(m)	
	弱、中盐渍土	强、过盐渍土	弱、中盐渍土	强、过盐渍土
砾类土	0.4	0.6	1.0	1.1
砂类土	0.6	1.0	1.3	1.4
黏性土	1.0	1.3	1.8	2.0
粉性土	1.3	1.5	2.1	2.3

注：1. 二级公路最小高度可为表中数值的1.2～1.5倍；
　　2. 一级公路、高速公路最小高度可为表中数值的2倍。

从含水率及地下水位方面看，当含水率超过液限的土层在1.0m以内时，必须全部换填渗水性；如含水率界于液限和塑限之间时，应铺0.1～0.3m的渗水性土后，再填黏性土；如含水率在塑限以下时，可直接填筑黏性土。当清除软弱土体达到地下水位以下时，则应铺填渗水性土，并应高出地下水位0.3m以上，再填黏性土。在修建高级路面或次高级路面的地段，除路床填料符合规定要求外，还应在路堤下部设置封闭隔水层（材料如沥青砂、防渗薄膜、聚丙烯薄膜编织布等）以隔断地下水的上升后患。

清（铲）除表层后地表应做成由路基中心向两侧约2%的横坡，整平压实，沿横坡均匀铺平，以利排水；铲除的表层过盐渍土应堆置在较远处，最好堆置在低处，以免水流浸渍后，又流回到路基范围内。

3）路基填料

在盐渍土地区施工时，路基填料应符合下列要求。

（1）路基填料的含盐量不得超过表5-4-5的规定，不得夹有盐块和其他杂物。

盐渍土地区路基填料容许含盐量 表5-4-5

路面等级	填料容许含盐量（以质量百分数计）（%）		
	氯盐渍土及亚氯盐渍土	硫酸盐渍土及亚硫酸盐渍土	硫酸盐渍土
次高级路面	≤8	≤2	≤0.5
高级路面	≤5	≤1	≤0.5

（2）路堤填筑的具体位置对盐渍土的要求见表5-4-6所示。

（3）在内陆盆地干旱地区，如当地无其他适用的填料，需用易溶盐含量超过规定值的土、砾等作填料时,应根据当地气候、水文地质等条件,通过试验决定填筑应采取的措施。

盐渍土地区路堤填料的可用性 表 5-4-6

公路等级		高速、一级公路			二级公路			三、四级公路	
填土层位		0~80cm	80~150cm	150cm以下	0~80cm	80~150cm	150cm以下	0~80cm	80~150cm
土类及盐渍化程度									
细粒土	弱盐渍土	×	○	○	□1	○	○	○	○
	中盐渍土	×	×	○	□1	○	○	□3	○
	强盐渍土	×	×	□1	×	□2	□3	×	□1
	过盐渍土	×	×	×	×	×	□1	×	□2
粗粒土	弱盐渍土	×	□1	○	□1	○	○	□1	○
	中盐渍土	×	×	□1	×	□1	○	×	□4
	强盐渍土	×	×	×	×	×	□2	×	×
	过盐渍土	×	×	×	×	×	□2	×	×

注:表中○——可用;

　　　　×——不可用;

　　　　□——部分可用:

　　　　□1——氯盐渍土及亚氯盐渍土可用;

　　　　□2——强烈干旱地区的氯盐渍土及亚氯盐渍土经过论证可用;

　　　　□3——粉土质(砂)、黏土质(砂)不可用;

　　　　□4——水文地质条件差时的硫酸盐渍土及亚氯盐渍土不可用。

　　强烈干旱地区的盐渍土经过论证酌情选用。

(4)对填料的含盐量及其均匀性应加强施工控制检测,路床以下每1 000m³ 填料、路床部分每500m³ 填料应至少做一组测试,每组取 3 个土样,取土不足上列数量时,亦应做一组试件。

(5)用石膏土作填料时,应先破坏其蜂窝状结构。石膏含量一般不予限制,但应控制压实度。

4)路基压实及含水率控制

(1)为了防止盐分的转移和保证路基的稳定,盐渍土路基的压实应尽可能地提高一些,要求达到重型压实标准。

(2)路基应分层压实,每层填土厚度,对黏性土不得大于 20cm;对砂性土不得大于 30cm。

(3)碾压时应严格控制含水率,不应大于最佳含水率 1 个百分点。在干旱缺水地区,对路基填土可采用加大压实功的办法进行压实,并应设法(如远运)洒水,使路基表层 20cm 厚的土层在碾压时为最佳含水率,至少应达到最佳含水率的 60% ~70% 。

(4)当填土含水率过大时,施工中除按设计挖好该地区排水沟外,可在取上坑附近挖临时排水沟,以截断地表水和降低地下水位。此外,也可延长施工段落,在取土坑内分层挖土,分段填土暴晒,分段夯压。

5)路基排水

盐渍土地区路基排水是一项关键性的工作。如排水不畅,势必会因积水使土质发生不利的变化,造成路基病害。因此,在施工中应及时合理地布置好地表排水系统,防止路基及其附近积水。

当路基一侧或两侧有取土坑时,可利用取土坑进行横向与纵向排水。取土坑的坑底离最高地下水位不应小于 0.15m。底部应向路堤外有 2% ~3% 的排水横坡和不小于 0.2% 的纵坡,在排水困难地段或取土坑有被水淹没可能时,应在路基一侧或两侧取土坑外设置高0.4~0.5m、顶宽1m的纵向护堤。

当路基两侧无取土坑时,应设置纵向排水沟,并根据当地的地形、地势设置必要的横向排水沟,两排水沟的间距不宜大于300~500m,长度不超过2km。

当地下水位高时,除挡导表面水外,应加深两侧边沟或排水沟,以降低路基下的地下水位。

盐渍土地区的地下排水管与地面排水沟渠必须采取防渗措施。盐渍土地区一般不宜设置盲沟、渗沟排除地下水,因为盐分的沉淀易使盲沟失效。且地面排水系统不宜与地下排水系统合并设置,以免造成地下水位的升高,影响路基稳定。

6)路基毛细水隔断层的设置

路基修筑在强盐渍化细颗粒黏土(黏性土、粉性土)地区,路基边缘至地下水位高度又不可能达到设计规定,而采用提高路堤或降低地下水位的措施又不经济或不可能时,可在路基边缘以下0.4~0.6m处(或路基底部)的整个路基宽度上设置毛细隔断层。隔断层的材料可用卵石、碎石或其他粒径约5~50mm的砂砾,厚度采用0.15~0.3m,并在上、下面各铺设一层5~10cm厚粗砂或石屑作为反滤层,以防止隔断层失效。

7)路基高度

(1)路基边缘高出地面的最小高度。在过干旱与干旱、半干旱地区,排除地面水困难的情况下,强盐渍土与过盐渍土的路基边缘高出地面的最小高度可参考表5-4-4。

(2)路基边缘高出地下水位的最小高度。在干旱与半干旱地区,盐渍土路基高出地下水位的最小高度可参考表5-4-4。

根据有关地区的经验,碱土地段路基填土高度可比非盐渍土地段适当降低;在过干地区深度饱和的地下盐水地段,路基填土高度可比低矿化度或淡水的地下水情况适当降低。

8)路基边坡与路肩的处理

(1)边坡坡度。盐渍土路堤的边坡值,没有水浸时,可按表5-4-7采用;有水浸时,可按表5-4-8采用。

没有水浸时的边坡值   表5-4-7

路堤填土高度(m)	边 坡 值
小于1.5	1:1.5
大于1.5	1:2.0

有水浸时的边坡值   表5-4-8

浸 水 程 度	填细粒土	填粗粒土	备 注
短期浸水	1:2~1:1.3	1:1.75~1:1.2	当流水速度引起冲刷时,边坡应加防护
长期浸水	不可用	1:2~1:1.3	

(2)边坡及路肩加固。对于强盐渍土,无论其路基结构如何,边坡及路肩都必须进行加固,为保证路基有效宽度,当路基容易遭受雨水冲刷、淋溶和松胀时,对强盐渍土及过盐渍土的路基宽度,应较标准路基宽度增加0.5~1.0m。

对硫酸盐渍土路基的边坡,根据需要与可能,宜采用卵石、砾石、黏土或盐壳平铺在路堤边坡上,用以防止边坡疏松、风蚀等破坏。对长期浸水地段,还需在高出水位以上0.5m做护坡道,并予以防护。

在过盐渍土地区,对路肩的加固,可用粗粒浸水材料掺在当地土内封闭路肩表层,也可用沥青材料封闭路肩或用15cm的盐壳加固。

工作任务五 多年冻土及季节性冻土地区路基施工

学习目标

1. 叙述冻土的特点、分布、常用的工程处理措施；
2. 知道冻土路基的特点与工程危害,处理方案的适用条件和施工工艺；
3. 分析冻土的力学指标,选择合适的处理措施；
4. 根据公路路基施工技术规范,完成冻土路基处理施工技术作业；
5. 正确完成给定的具体冻土公路路基工程,选择适当的处理措施,编制施工工艺流程。

任务描述

通过完成本任务,要明确冻土地区公路路基常采用的处理措施及其相应的适用条件。针对具体的冻土路基实例,应能提出切实可行的处理方案,编制出相应的施工流程和施工注意事项。

学习引导

本工作任务沿着以下脉络进行学习：

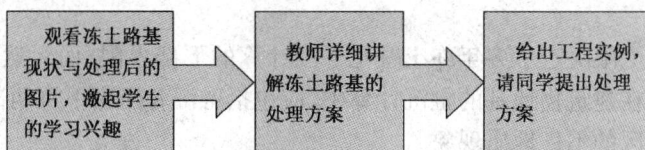

观看冻土路基现状与处理后的图片,激起学生的学习兴趣 ➡ 教师详细讲解冻土路基的处理方案 ➡ 给出工程实例,请同学提出处理方案

相关知识

一、多年冻土地区路基施工

1. 多年冻土的定义及特性

凡温度为负温或零温并含有冰的各种土均称为冻土,见图5-5-1。如果土中只有负温度而不含冰时则称为寒土。冬季冻结、夏季全部融化的土层称为季节冻土,季节冻结层又称季节作用层、活动层。冬季冻结、一二年内不融化的土层称为隔年冻层。冻结状态持续3年以上的土层称为多年冻土。

图 5-5-1 冻土

季节冻土地区的表层土夏季融化,冬季冻结,所以是季节冻土。根据其与下伏多年冻土的关系又可分为:季节冻结层——夏季融化,冬季冻结时不与多年冻土层衔接或其下为融土层；

121

季节融化层——夏季融化,冬季冻结时与多年冻土完全衔接的土层。不衔接多年冻土属于前者;衔接多年冻土属于后者。

(1)多年冻土上限、下限及冻土厚度。在多年冻土地区,地表以下的一定深度内,每年夏季融化,冬季冻结,该层称为季节融化层。在该深度以下的土,则终年处于冻结状态,称为多年冻土。这一深度称为季节融化层底板或多年冻土上限。从地表到达这一深度的距离即为季节融化层厚度或多年冻土上限的埋深。

多年冻土层的底部称作多年冻土下限。下限处的地温值为0℃。下限以上为多年冻土,以下为融土。上限和下限之间的距离称为多年冻土厚度。

多年冻土厚度是多年冻土的重要标志之一,它反映着冻土的发育程度。冻土层的厚度对评价建筑物地基稳定性有着重要意义,是进行各类型建筑地层基础设计不可缺少的依据。多年冻土薄的在10m以下,最厚的多年冻土在大小兴安岭,可超过100m。

(2)多年冻土分类。多年冻土按含冰量分类,可分为少冰冻土、多冰冻土、富冰凉土、饱冰冻土和含土冰层五类。

(3)多年冻土上限的类别及用途。多年冻土上限有天然上限和人为上限两种。

天然状态的多年冻土上限为其天然上限。因受人类活动影响改变了地温与气温的热交换条件,破坏了天然条件下的热平衡状态导致多年冻土上限发生变化,变化后的多年冻土上限即为其人为上限。

人为多年冻土上限决定了多年冻土融化下沉计算的下部界限;而天然上限往往是厚层地下冰的埋藏深度。在建筑物地基的融沉计算中,应包括融沉和压密下沉两部分。

2. 多年冻土地区的不良地质现象

多年冻土地区的不良地质对公路建设会产生多种病害。因此,有必要了解冻土地区不良地质现象的形成和发展,以便采取预防措施。

多年冻土地区之所以会形成不良地质现象,在于多年冻土地区不仅气候严寒,而且还有多年冻土层作为底板使地表水的下渗和多年冻土层上水的活动受到约束,这是冻土地区不良地质现象发生和存在的基本条件。

多年冻土地区的不良地质现象主要有冰丘、冰锥、地下冰和冻土沼泽等。

图 5-5-2 路基融沉开裂

3. 多年冻土地区公路路基的主要病害

(1)融沉。融沉多发生在含冰量大的黏质土地段。当路基基底的多年冻土上部或路堑边坡上分布有较厚的地下冰层时,由于地下冰层埋藏较浅,在施工及使用过程中,因原来的自然环境条件发生变化,使多年冻土局部融化,上覆土层在土体自重力及外力的作用下产生沉陷,造成路基变形。融沉主要表现在路堤向阳侧路肩及边坡开裂、下滑,路堑边坡溜坍等,如图5-5-2所示。

融沉现象一般以较慢的速度下沉,但有时也会经过一段时间的慢速下沉后,突发大量的沉陷,并使两侧部分地基土隆起。产生的原因是路基基底由于含冰量大的黏质土融化后处于过饱和状态,几乎没有承载能力,又因路堤两侧融化深度不同,使得基底形成一个倾斜的冻结滑动面。在外荷载的作用下,过饱和的黏质土顺着冻结面挤出,路堤瞬间产生大幅度的沉陷,通常称为突陷。这样的突陷危及行车的安全。

（2）冻胀。冻胀多发生在季节冻结深度较大的地区及多年冻土地区,多年冻土地区较严重。发生的原因是地基土及填土中的水冻结时体积膨胀所致。水分的来源是地表水或地下水对路基土的浸湿。冻胀的程度与土质及土中的含水率高低有关。

（3）冰害。冰害主要是指在路堤上方出露地表的泉水,或开挖路堑后地下水自边坡流出,在隆冬季节随流随冻,形成积冰掩埋路基或边坡挂冰,堑内积冰等病害,如图5-5-3所示。

冰害在严寒的多年冻土地区尤为严重。对路基工程来说,路堑地段较路堤地段冰害要多,尤其发生在浅层地下水发育的低填浅挖及零填挖地段的冰害,危害程度更大。

图5-5-3　路基冰害

4. 多年冻土地区路基施工

（1）资料收集。多年冻土地区有关资料的收集,是路基施工前的一项关键性工作。只有对多年冻土地区气象资料、地质资料及冻土的物理力学性质资料等,在施工中进行综合考虑,采用切实可行的技术措施,才能确保工程质量。

（2）路堤。

①路堤最小填土高度。保护多年冻土上限不下降的最小高度 H_1：

$$H_1 = H_d - H_0 \tag{5-5-1}$$

式中：H_1——从天然地面算起的填土高度,m;若其数值小于表5-5-1所列数值时,则采用表中数值;

H_d——保温厚度,m;

H_0——将上限深度换算成保温材料时的当量厚度,m。

H_1 的厚度 表5-5-1

地区 \ 路面类型	H_1(m)	
	白色路面	黑色路面
青藏高原多年冻土地区	0.5	0.9
兴安岭多年冻土地区	1.0	1.4

防治翻浆和冻胀的最小填土高度 H_2 可根据当地已有的公路调查资料确定。

按保护多年冻土的原则施工路基时,路堤最小填土高度应同时满足 H_1 与 H_2 的要求。

当路堤高度达不到 H_1 的要求时,冻土上限可能下降,路基基底则应进行处理。

②饱冰冻土及含土冰层地段路堤。当全用粗颗粒土填筑路堤,其填土高度不能满足 H_1 的要求时,可在路堤下部换填一层细颗粒土,细颗粒土的厚度一般不小于1.0m,以便使核算的填土高度大于或等于最小填土高度 H_1。

当路堤高度小于最小填土高度 H_1 时,基底的饱冰冻土或含冰层则需进行部分或全部换填。当饱冰冻土层或含土冰层较厚,全部换填有困难且不经济时,则可作部分换填。换填后的路堤换算高度仍应满足 H_1 的要求。换填材料,应选用保温、隔水性能均较好的细颗粒土,并注意做好地表排水工程。

③冻土沼泽地段路堤。不论基底地质条件如何,首先应根据水源特点及补给情况,在路堤一侧或两侧设置排水沟或挡水埝,将上游水源截断,必要时增设桥涵,排除地表积水。修建在塔头草泥沼地段的路堤,应自路堤坡脚20m以外,挖取塔头草,反铺在基底,塔头朝空隙间,并加以夯实,使其成为良好的基底隔温层。路堤填土后塔头草垫层受压下降,因此在反铺塔头草时,基底的中间部分可以适当加高0.2m,并且向两侧坡脚做成拱形。反铺塔头草的宽度,应伸出路堤脚外 $1\sim2$m。

当采用细颗粒土填筑路堤时,在排水困难的低洼地或沼泽地段,应采取防止路基冻胀、翻浆的措施。一般可在路堤底部填筑毛细水隔断层,其厚度以在路堤沉落后尚高出地面以下0.5m为宜。为防止隔断层受污染、阻塞面失效,其上应加铺反滤层(草皮、碎石或砂)。

(3)路堑。

①饱冰冻土及含冰土层地段的路堑。在饱冰冻土及含冰土层地段挖方,由于土中含冰量大,季节融化后或上限下降均会使基底处于过湿软弱状态,同时出现严重沉陷。在这类地段一般多采取部分或全部换填的措施,坡面亦应采取保温及其他措施。

②富冰冻土地段的路堑。细粒土中的路堑,当融化后不致造成边坡滑坍和基底松软时,可按一般路堑考虑。但由于细粒土在季节融化层中的湿度较大,为防止基底冻胀、翻浆,基底应换填渗水性土,换土厚度一般不小于0.5m。

5.多年冻土地区路基施工注意事项

(1)施工前,应该查沿线冻土分布、类型、冻土上下限、冰层上限、地面水、地下水以及有无其他如热融(湖、塘)、冰丘、冰锥等不良地质地段。

(2)施工必须严格遵循保护冻土的原则,使路基施工后仍处于热学稳定状态。路基原则上均应采取路堤形式,尤其在冰厚发育地段,并尽可能避免零填或浅挖断面,以免造成严重热融沉陷等病害。弱融沉或不融沉的多年冻土地区,路基施工可按融化原则进行。

(3)路基排水与加固,除满足水力和土力条件外,还应考虑由于施工因素如排水系统修筑等引起的热力变化,不导致多年冻土层上限的下降。

(4)填方路基施工应符合以下要求。

①排水。当路基位于永久冻土的富冰冻土、饱冰冻土或含土冰层地段时,必须保持路基及周围的冻土处于冻结状态。排水系统与路基坡脚应保持足够距离。高含冰量冻土集中地段,严禁坡脚滞水,路侧积水,边坡应及时铺填草皮。

在少冰与多冰冻土地段,也应避免施工时破坏土基热流平衡。排水沟与坡脚距离不应小于2m;沼泽湿地地段不应小于8m。饱冰冻土及含土冰层地段,应避免修建排水沟和截水沟,宜修建挡水埝(堰),距坡脚不应小于6m,若修建排水沟则不应小于10m。

②基底处理。填方基底为含冰过多的细粒土,且地下冰层不厚时,可挖除并用渗水性土回填压实,再填路基。

当基底为排水困难的低洼沼泽地段时,其底部应设置毛细水隔离层。其厚度宜在路堤沉落后至少高出水面0.5m,并在其上铺设反滤层。泥沼地段路堤基底生长塔头草时,可利用其作隔温层。上述地段路堤应预加沉落度,并在修筑路面结构之前,路基沉降基本趋于稳定。

③路基高度。路基高度应达到防止翻浆与不超过路基冻胀值要求的最小填土高度。按保持冻结原则施工的路段,应同时满足冻土上限不下降的要求。

④取土。宜设置集中取土场。富冰冻土、饱冰冻土及含土冰层路段,确需就近解决部分土源时,应在路基坡脚10m以外取土。斜坡地表路堤,取土坑应设在上坡一侧。取土坑深度均不得超过当地多年冻土上限以上土层厚度的80%,坑底应有坡度,积水应有出口,水能及时排出;同时取土坑的外露面,宜用草皮铺填。

⑤填料。填料应选用保温隔水性能均较好的细粒土。采用黏质土或透水性不良土填筑路堤时,要控制土的湿度,碾压时含水率不能超过最佳含水率的±2%。不得用冻土块或草皮层及沼泽地含草根的湿土填筑路基。通过融湖(塘)路堤,水下部分必须用渗水良好的土填筑,并应高出最高水位0.5m。

⑥压实。压实检查应采用重型击实标准。成型后路床强度府符合设计要求,用不小于20t的压路机或等效碾压机械碾压2~3遍,无轮迹和软弹现象。

⑦侧向保护。靠近基底部位有饱冰冻土层且有可能融化时,宜设保温护道和扩脚。保温材料宜就地取材。用草皮时,草根应向上一层一层叠铺,最外一层应带泥,以便拍实形成保护层。沿线两侧20m内植被和原生地貌应严加保护。

(5)挖方路基施工应符合以下要求。

①排水。挖方路基地下水发育地段,路基边沟均应有防渗措施。路堑坡顶避免设置截水沟或排水沟,宜修挡水埝并与坡顶距离不小于6m。或必须修排水沟或截水沟,距挡水埝外距离不应小于4m。

②土质边坡加固铺砌厚度应满足保温层要求。如用草皮铺砌,应水平叠砌,错缝嵌紧,缝隙用黏土或草皮填塞严密,连成整体。草皮要及时铺填。

③饱冰冻土、含土冰层地段路堑,为防止开挖后基底冻胀翻浆,可根据需要换填足够厚度的渗水性上。

6.多年冻土地区路基处理方法介绍

(1)通风管路基施工。通风管路基是高原多年冻土区修筑路基时为减少换填厚度,或为调节路基高度,或为增加路基冷储减少蓄热以保持路基稳定的内因性措施之一。我国铁路部门在1976年风火山房屋试验工程中,采用了内径为300mm、壁厚50mm的混凝土通风管作为复合式地基,该通风管基础房屋至今已正常使用27年仍作为铁路冻土定位站的站房。通风管路基的主要施工要点如下。

①通风管以下路堤填筑。通风管以下路堤填筑工艺与一般地区路基填筑施工相同,要严格按照“三阶段、四区段、八流程”工艺要求施工,合理划分路基施工的四区段,并在施工过程中进行标识。

施工中组织专业施工队伍,进行标准化作业,实现整个施工过程有序可控。通风管以下路堤填筑应填至高于通风管顶面设计高程10cm位置。整平压实后,经平整度和压实度检测合格后方可进行通风管安放工序。

②通风管安放。

a.及时进行通风管位置测量。

b.采取人工配合机械开挖沟槽,沟槽的宽度和深度按通风管外径加宽、加深。沟槽自线路中心向两侧预留4%的人字横坡。施工中利用挖掘机改装挖槽机进行施工,减少人力劳动强度。施工中采用半幅法施工,以便于施工车辆通行。

c.将沟槽整理平顺,清除松土。

d.在挖好的沟槽中按设计铺设中粗砂垫层。

e. 人工将通风管放入沟槽,摆放平顺,接头严密。混凝土通风管较重,可采用装载机吊装,人工配合安装。施工中注意两端通风管取齐,采用混凝土通风管时,通风管制作误差可在预制管节阔口端用插入深度调节。

f. 人工回填中粗砂将通风管与沟槽间缝隙填塞,并用平板振动夯夯实。

(2)碎石路基施工。碎石路基是一种保护冻土的工程措施,其工作原理是:在寒冷季节,冷空气有较大的密度,在自重和风的作用下,使碎石间隙中的热空气上升,冷空气下降并进入地基;而在温暖的季节,热空气密度小,很难进入地基,类似于热开关效应。

二、季节性冻融翻浆地区路基施工

季节性冻融地区的路基在冰冻过程中,土中的水分不断地向上移动,使路基上部的水分含量大大增加。春融期间,由于土基含水量过多,强度急剧降低,再加上行车的作用,路面会发生弹簧、裂缝、鼓包、冒泥等现象,形成翻浆,如图 5-5-4 所示。主要发生在我国北方各省及南方的季节性冰冻地区。

图 5-5-4 路基冻融翻浆破坏

翻浆的发生,不仅会破坏路面,妨碍行车,严重的还会中断交通。因此,在翻浆地区修筑公路,对水文及水文地质不良地段,要注意详细调查沿线地面水、地下水、路基土和筑路材料的情况,以便采取相应的处理措施。

1. 翻浆发生的过程及其影响因素

(1)翻浆发生的过程。秋季,是路基水的聚积时期。由于降水或灌溉的影响,地面水下渗,地下水位升高,使路基水分增多。

冬季,气温下降,路基上层的土开始冻结,路基下部土温仍较高。水分在土体内,由温度较高处向温度低处移动,使路基上层水分增多,并冻结成冰,使路面冻裂或隆起,发生冻胀。

春季(有的地区延至夏季),气温逐渐回升,路基上层的土首先融化,土基强度很快降低,以至失去承载能力,在行车作用下形成翻浆。

春季以后,天气渐暖,蒸发量增大,冻层化透,路基上层水分下渗,土变干,土基强度又逐渐恢复,这就是翻浆发展的全过程,如图 5-5-5 所示。

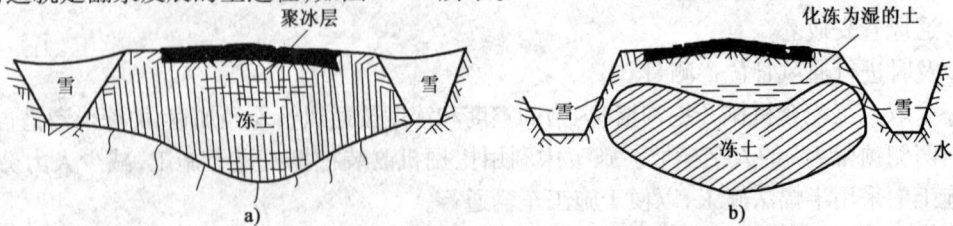

图 5-5-5 路基土的冻融过程
a)冻结时;b)化冻时

（2）影响翻浆的因素。影响公路翻浆的主要因素有土质、温度、水、路面与行车荷载等。其中,土质、密度、水是形成翻浆的三个自然因素,三者同时作用,才能形成翻浆。

①土质。粉性土是最容易翻浆的土,这种土的毛细水上升较高且快,在负温作用下水分聚流严重,而且土中水分增多时强度降低很快,容易丧失稳定。黏性土毛细水上升虽高,但上升速度慢。因此,只有在水源供给充足,并且在土基冻结速度缓慢的情况下,才能形成比较严重的翻浆。粉性土和黏性土含有大量腐殖质和易溶盐时,则更易形成翻浆。砂土在一般情况下都不会发生翻浆,这种土毛细水上升高度小,在冻结过程中水分聚流现象很轻,同时,这种土即使含有大量水分,也能保持一定的强度。

②温度。一定的冻结深度和一定的冷量(冬季各月负气温的总和)是形成翻浆的重要条件。在同样的冻结深度和冷量的条件下,冬季负气温作用的特点和冻结速度的大小对形成翻浆的影响也是很大的。除此之外,春天气温的特点和化冻速度对翻浆也是有影响的。

③水。翻浆的过程中,就是水在路基土中转移、变化的过程。路基附近的地表积水及浅的地下水,能提供充足的水源,是形成翻浆的重要条件。秋雨及灌溉会使路基土的含水率增加,使地下水位升高,所以也会影响翻浆的发生。

④路面。公路翻浆是通过路面的变形破坏而表现出来,并按路面的变形破坏程度来划分等级的。因此,翻浆和路面是密切相关的。路面结构对翻浆也有一定的影响。

⑤行车荷载。公路翻浆是通过行车荷载的作用,最后形成和暴露出来的。当其他条件相同时,在翻浆季节,交通量越大,车辆越重,则翻浆也会越多,越严重。

2. 翻浆防治措施

（1）防止地面水、地下水或其他水分在冻结前或冻结过程中进入路基上部。例如,在路基中设置隔离层,做好路基排水,提高路基等。

（2）在化冻时期,可以将聚冰层中的水分及时排除或暂时蓄积在渗水性好的路面结构层中,如设置排水或蓄水砂(砾)垫层等。

（3）加强路面,改善土基。如采用石灰土、煤渣石灰土结构层或路基换土老土措施。

（4）在有些情况下,用一种处理措施,往往不能收到预想效果或不够经济合理,可采用两种或两种以上综合措施。

3. 季节性冻融翻浆路基施工要点

（1）排水。

在施工前应认真了解地形及水文地质情况,凡是可能危害路基强度稳定性的地面水和地下水,均应采取有效的临时性或永久性措施,使水能迅速排出路基之外。路床面应保持良好的排水状态。从路堑到路堤必须修建过渡边沟并无阻塞现象。各层填土应有路拱,表面无积水。施工全,各式沟、管、井、涵等能形成完整有效的排水系统。

（2）路堤。

①原地面处理。水文地质不良和湿软地段,可视情况在地表铺填厚度不小于30cm 的砂砾,或做局部挖除换填处理。

当路堤高度低于20cm 时(包括挖方土质路段)应翻松 30~50cm,并分层整形压实,其压实度为93%~95%,高速公路、一级公路取高限,其他公路取低限。

②填料。宜选用水稳性良好的土填筑路基。路基上部受冰冻影响部位,应选用水稳性和冻稳性均较好的粗粒土。冻土、非渗水性过湿土、腐殖土禁止用于填筑各层路堤。压实时的含水率应控制在最佳含水率 ±2% 范围内。

③取土场。宜设置集中取土场,排水困难地段更宜集中取土。

④碾压。各层表面碾压前应用平地机进行整平和修整路拱,切实控制松铺厚度以及填料的均匀性。压实后各层表面的平整度,用3m直尺测量,其间隙高度不宜大于20mm;成型后,路床顶面应进行弯沉检查,或用不小于20t的压路机碾压检验有无软弹现象。

⑤路堤高度。应使路基能全年处于干燥或中湿状态。修低路堤时,应根据具体情况采取相应技术措施。

⑥为使地基预拱度和稳定性满足设计要求,施工中各类冻融翻浆防治方法可综合选用。

(3)路堑。

①石方段超挖回填部位应选用符合要求的石渣,压实度不得低于95%,禁止使用劣质开山料或覆盖土回填或找平。超挖部分不规则或超挖不超过8cm时,可用混凝土修补找平。整平层宜采用级配碎石或水泥稳定碎石、二灰稳定碎石类等半刚性材料。

②土质路或遇水崩解软化的风化泥质页岩等类路堑的路床压实度如不符合规定要求时,应翻松压实或根据土质情况,换填符合路床强度并满足压实度要求的足够厚度的好土,然后加强排水措施,如封闭路肩、浆砌边沟等。

③有裂隙水、层间水、潜水层、泉眼等路段,应分别采取切断、拦截、降低等措施,如加深边沟和设置渗沟、渗管、渗井等。

工作任务六　多雨潮湿地区路基施工

学习目标

1. 叙述多雨潮湿地区土的特点、分布、常用的工程处理措施;
2. 知道多雨潮湿地区土路基的特点与工程危害,处理方案的适用条件和施工工艺;
3. 分析多雨潮湿地区土的力学指标,选择合适的处理措施;
4. 根据公路路基施工技术规范,完成多雨潮湿地区土路基处理施工技术作业;
5. 正确完成给定的具体多雨潮湿地区土公路路基工程,选择适当的处理措施,编制施工工艺流程。

任务描述

通过完成本任务,要明确多雨潮湿地区土地区公路路基常采用的处理措施及其相应的适用条件。针对具体的多雨潮湿地区土路基实例,应能提出切实可行的处理方案,编制出相应的施工流程和施工注意事项。

学习引导

本工作任务沿着以下脉络进行学习:

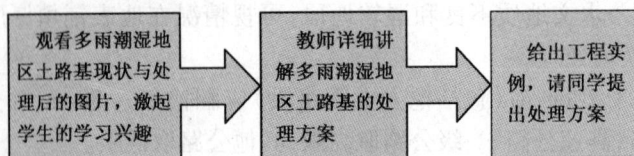

观看多雨潮湿地区土路基现状与处理后的图片,激起学生的学习兴趣 → 教师详细讲解多雨潮湿地区土路基的处理方案 → 给出工程实例,请同学提出处理方案

相关知识

多雨潮湿地区路基施工中主要出现的问题是水的影响和土含水量大,因此,多雨潮湿地区

路基施工和相关处治方法的要点及应遵循的原则要求如下。

（1）路基施工时，应特别注意排水。机具停放地、库房、生活区域，都必须选在地势较高不易被水淹的地点，并要求有可靠的排水防洪设施，预防洪水造成危害。

（2）开工前的场地准备工作应特别注意排除地面水。低洼地带沿用地两边应开挖大断面的纵向排水沟并引向出水口，在纵向排水沟之间应挖掘横向排水沟并互相贯通疏干地表，以使地面不积水。

（3）多雨潮湿地区，原地面多为含水量过大的过湿土，应按下列方法处理：

①含水量过大的潮湿土深度在2m以内时，可挖去湿土，换填适用的干土或挖方石渣、天然砂砾等，并分层压实到要求密实度。

②挖去淤泥后将土层湿土翻松、耙碎，掺5%～10%的生石灰粉压实，其层厚以能达到规定压实度为准，使之成为稳定土加固层。

③当有非风化大块石可利用时，在挖去软湿土后，铺筑厚50cm左右石块层，嵌填石渣后，用重型压路机碾压成型，再于其上填筑路堤。二级以下公路可采用抛填片石挤淤，整理碾压成型后填筑路堤。

④当软土深度大于2m时，应按前述的要求处理。

（4）利用潮湿土填筑路堤时，应按下列压实标准和方法进行。

①当天然稠度小于1.1、液限大于40%、塑性指数大于18的黏性土用作高速公路、一级公路和二级公路上路床的填料时，应采用各种措施达到规定的压实度；上述土用作下路床及上、下路堤的填料时，当进行处治或采用重型压实机械确有困难时，可采用轻型压实机械，填料经翻拌晾晒分层压实后，压实度应符合表5-6-1的规定要求。

路基压实标准（轻型）　　　　　　　　　　　　表5-6-1

填挖类型		路面底面计起的深度范围（cm）	压实度（%）	
			高速、一级公路	二级及以下公路
路线	上路床	0～30	—	≥95
	下路床	30～80	≥95	≥95
	上路堤	80～150	≥95	≥90
	下路堤	>150	≥90	≥90
路型路床		0～30	—	≥95

②碾压潮湿土填筑的路堤，适宜的压路机形式、规格、填层的适宜厚度、所需碾压遍数和压实度，应通过试验确定。

③碾压完成后的路段，若不立即铺筑路面，且不需维持通车时，应在路床顶面铺盖一层碾压紧密的防水黏土层或沥青封层。

④填料的天然稠度（指土的液限与天然含水量之差和塑性指数之比）为0.9～1.0时，宜将土摊开翻拌晾晒，当含水量接近最佳含水量时，即可碾压密实。

⑤填料的天然稠度在0.5～0.9时，宜在土中掺入生石灰等外掺剂拌和均匀后，分层填筑压实。潮湿黏性土经添加外掺剂处理后，其压实度应边到规定要求。

（5）多雨潮湿地区，土的含水量大，地下水位高，容易影响路基稳定，填方边坡宜采用浆砌护坡防护。二级以下公路也宜采取相应的防护措施。

（6）路堤填筑每层表面宜做成2%～4%的横坡以利排水，当天的填土，必须当天完成压实。

（7）路堤坡脚护坡道外，应设置加大断面的石砌边沟，以降低地下水位。

复习思考题

1. 什么是软土？
2. 怎样鉴别软土路基？
3. 软土路基可能产生什么工程问题？
4. 换填土法的适用条件与施工流程。
5. 抛石挤淤法的适用条件与施工流程。
6. 什么是膨胀土？
7. 膨胀土路基填筑的注意事项。
8. 膨胀土路基开挖的注意事项。
9. 膨胀土路基的碾压要求。
10. 什么是黄土？
11. 黄土具有哪些工程特性？
12. 膨胀土路基施工的注意事项。
13. 湿陷性黄土的分布范围。
14. 湿陷性黄土地基的处理措施。
15. 什么是盐渍土，如何对盐渍土进行分类？
16. 盐渍土在我国的分布范围。
17. 盐渍土路基主要的病害有哪些？
18. 盐渍土路基的施工要点。
19. 什么是冻土、寒土、季节冻土、多年冻土？
20. 多年冻土路基的主要病害有哪些？
21. 多年冻土地区路基施工的注意事项。
22. 在什么情况下路基会发生翻浆？
23. 路基翻浆的影响因素有哪些？
24. 季节性冻融翻浆路基的施工要点。
25. 多雨潮湿地区地面过湿土如何处理？
26. 路基压实标准是什么？

学习情境六　路基整修与交工验收

路基整修是在路基施工基本完成后,对其外观质量和局部缺陷进行整修或处理,是路基工程顺利通过交工验收的重要保证。因此,在路基交工验收前,应严格按规范要求再次检查路基施工质量,并进行适当的修整。交工验收是依据施工技术标准和设计文件,对路基工程最终的施工质量作出评定,以评价工程是否可以移交下一阶段施工或是否满足通车要求。

工作任务一　路基整修

学习目标

1. 叙述路基整修的目的;
2. 知道路基整修的内容与整修方法;
3. 分析路基整修的重点与适用的修整方法;
4. 根据公路路基施工技术规范,完成路基整修施工技术作业;
5. 正确完成给定的具体路基工程的整修施工,达到验收标准。

任务描述

通过完成本任务,要明确路基整修的施工方法与注意事项,针对具体的路基整修实例,应能指出整修的重点,提出切实可行的整修方案,编制出相应的施工作业指导书。

学习引导

本工作任务沿着以下脉络进行学习:

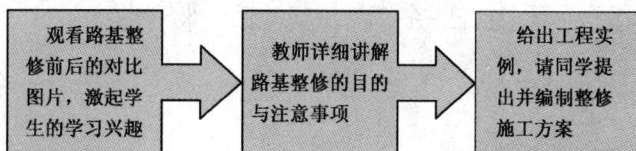

观看路基整修前后的对比图片,激起学生的学习兴趣 → 教师详细讲解路基整修的目的与注意事项 → 给出工程实例,请同学提出并编制整修施工方案

相关知识

路基工程基本完成后,在交工验收前,应对外观质量和局部缺陷进行整修或处理。路基整修由施工单位会同监理单位按设计文件和施工规范要求,检查路线中线、高程、宽度、边坡、防护与支挡、排水系统和临时工程等,根据检查结果制订整修计划并进行整修。整修工作应在检查结果及整修计划经监理工程师核查与批准后方能动工。

1. 路基顶面表层整修

一般情况下,由于路面与路基施工的不连续性,路基顶面表层在多种因素下会产生不同类型的局部质量缺陷。为保证路床与路面的整体性,防止出现"夹层",故应有针对性的处理措施。表层的整修,应根据质量缺陷的具体情况,采用合理的方案、工艺进行。

（1）土质路基表面应用人工或机械刮土或补土的方法整修，并配合压路机械碾压，补填的土层压实厚度应不小于100mm，压实后表面应平整，不得有松散、起皮现象。石质路基表面应用石屑嵌缝紧密、平整，不得有坑槽和松石。

（2）土质路基表面达到设计高程后，应采用平地机或推土机刮平，铲下的土不足以填补凹陷时，应采用与路基表面相同的土填平夯实。

（3）修整的路基表层厚150mm以内，松散的或半埋的尺寸大于100mm的石块，应从路基表面移走，并按规定填平压实。

2. 路基边坡整修

（1）深路堑土质边坡整修应按设计要求坡度，自上而下进行边坡整修，不得在边坡上以土贴补。

（2）边坡需要加固地段，应预留加固位置和厚度，使完工后的坡面与设计边坡一致。当填土不足或路堑边坡受雨水冲刷形成小冲沟时，应将原边坡挖成台阶，分层填补，仔细夯实。如填补的厚度很小（10~20cm），而又非边坡加固地段时，可用种草整修的方法，以种植土来填补，但应顺适、美观、牢靠。石质路基边坡，应达到设计要求的边坡比，坡面的松石、危石应及时清除。

（3）填方路基边坡受雨水冲刷形成冲沟或坍塌缺口时，应自下而上，分层挖台阶加宽填补夯实，再按设计坡面削坡；弯道内侧路肩边缘，应修建路肩拦水带。

（4）填土路基两侧超填的宽度应予切除，如遇边坡缺土时，必须挖成台阶，分层填补夯实。

3. 排水系统及其他整修

（1）边沟的整修应挂线进行。对各种水沟的纵坡（包括取土坑纵坡）应用仪器检测，修整到符合图纸及规范要求。各种水沟的纵坡，应按图纸及规范要求办理，不得随意用土填补。

（2）截水沟、排水沟及边沟的断面、边坡坡度，应按设计要求办理。沟的表面应整齐、光滑。填补的凹坑应拍捶密实。

（3）在路面铺筑完成后或铺筑时，应立即填筑土路肩，同时按设计要求进行加固。

（4）路基整修完毕后，堆于路基范围内的废弃土料应予清除。

（5）修整过的路基，应继续维修养护，直到缺陷责任期满为止。

工作任务二　交工验收

学习目标

1. 叙述交工验收的作用与目的；
2. 知道交工验收的内容与验收程序；
3. 分析交工验收可能出现的问题并提前加以补正；
4. 根据公路路基施工技术规范，按时完成交工验收准备工作；
5. 正确完成给定的具体路基工程，组织验收准备工作，并编制交工验收申请书。

任务描述

通过完成本任务，要明确交工验收的作用与程序，针对具体的路基交工验收，应能组织验收准备工作，编制交工验收申请书并按程序上报。

学习引导

本工作任务沿着以下脉络进行学习：

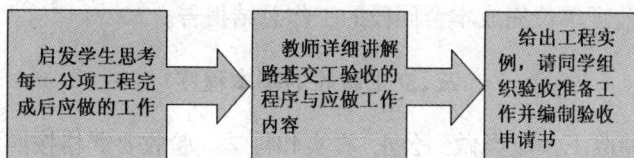

启发学生思考每一分项工程完成后应做的工作 → 教师详细讲解路基交工验收的程序与应做工作内容 → 给出工程实例，请同学组织验收准备工作并编制验收申请书

✎ 相关知识

一、交工验收的作用与各单位职责

交工验收是检查施工合同的执行情况，评价工程质量是否符合技术标准及设计要求，是否可以移交下一阶段施工或是否满足通车要求，对各参建单位工作进行初步评价。

交工验收由项目法人负责。项目法人负责组织公路工程各合同段的设计、监理、施工等单位参加交工验收。拟交付使用的工程，应邀请运营、养护管理单位参加。参加验收单位的主要职责是：

项目法人负责组织各合同段参建单位完成交工验收工作的各项内容，总结合同执行过程中的经验，对工程质量是否合格作出结论。

设计单位负责检查已完成的工程是否与设计相符，是否满足设计要求。

监理单位负责完成监理资料的汇总、整理，协助项目法人检查施工单位的合同执行情况，核对工程数量，科学公正地对工程质量进行评定。

施工单位负责提交竣工资料，完成交工验收准备工作。

项目法人组织监理单位按《公路工程质量检验评定标准》(JTG F80/1—2004)的要求对各合同段的工程质量进行评定。

监理单位根据独立抽检资料对工程质量进行评定，当监理按规定完成的独立抽检资料不能满足评定要求时，可以采用经监理确认的施工自检资料。

项目法人根据对工程质量的检查及平时掌握的情况，对监理单位所做的工程质量评定进行审定。

各合同段工程质量评分采用所含各单位工程质量评分的加权平均值，即：工程各合同段交工验收结束后，由项目法人对整个工程项目进行工程质量评定。

工程质量评分采用各合同段工程质量评分的加权平均值，即：工程质量等级评定分为合格和不合格，工程质量评分值大于等于75分的为合格，小于75分的为不合格。

二、交工验收条件

公路工程交工验收工作一般按合同段进行，并应具备以下条件：

(1)合同约定的各项内容已全部完成，各方就合同变更的内容达成书面一致意见。

(2)施工单位按《公路工程质量检验评定标准》(JTG F80/1—2004)及相关规定对工程质量自检合格。

(3)监理单位对工程质量评定合格。

(4)质量监督机构按"公路工程质量鉴定办法"对工程质量进行检测，并出具检测意见。检测意见中需整改的问题已经处理完毕。

(5)竣工文件按公路工程档案管理的有关要求，完成"公路工程项目文件归档范围"(不含缺陷责任期资料)内容的收集、整理及归档工作。

(6)施工单位、监理单位完成本合同段的工作总结报告。

三、交工验收的基本程序

公路工程交工验收工作应当做到公正、真实和科学。验收要严格按照规定的程序进行。

(1)施工单位完成合同约定的全部工程内容,且经施工自检和监理检验评定均合格后,提出合同段交工验收申请报监理单位审查。交工验收申请应附自检评定资料和施工总结报告。

(2)监理单位根据工程实际情况、抽检资料以及对合同段工程质量评定结果,对施工单位交工验收申请及其所附资料进行审查并签署意见。监理单位审查同意后,应同时向项目法人提交独立抽检资料、质量评定资料和监理工作报告。

(3)项目法人对施工单位的交工验收申请、监理单位的质量评定资料进行核查,必要时可委托有相应资质的检测机构进行重点抽查检测,认为合同段满足交工验收条件时,应及时组织交工验收。

(4)对若干合同段完工时间相近的,项目法人可合并组织交工验收。对分段通车的项目,项目法人可按合同约定,分段组织交工验收。

(5)通过交工验收的合同段,项目法人应及时颁发"公路工程交工验收证书"(表6-2-1)。

公路工程交工验收证书　　　　　　　　　　　　　　　表 6-2-1

交工验收时间:　　　　　　　　　　　　合同段　　交工验收证书第　　　号

工程名称:	合同段名称及编号:
项目法人:	设计单位:
施工单位:	监理单位:

本合同段主要工程量:

本合同段价款	原合同		实际	
本合同段工期	原合同		实际	

对工程质量、合同执行情况的评价,遗留问题、缺陷的处理意见及有关决定(内容较多时,可用附件)

(施工单位的意见)

　　　　　　　　施工单位法人代表或授权人(签字)　　　　　　　　　单位盖章

　　　　　　　　　　　　　　　　　　　　　　　　　　　　年　　月　　日

(合同段监理单位对有关问题的意见)

　　　　　　　　合同段监理单位法人代表或授权人(签字)　　　　　　单位盖章

　　　　　　　　　　　　　　　　　　　　　　　　　　　　年　　月　　日

(设计单位的意见)

　　　　　　　　设计单位法人代表或授权人(签字)　　　　　　　　　单位盖章

　　　　　　　　　　　　　　　　　　　　　　　　　　　　年　　月　　日

(项目法人的意见)

　　　　　　　　项目法人代表或授权人(签字)　　　　　　　　　　　单位盖章

　　　　　　　　　　　　　　　　　　　　　　　　　　　　年　　月　　日

注:表中内容较多时,可用附件。

（6）各合同段全部验收合格后，项目法人应及时完成"公路工程交工验收报告"（表6-2-2）。

公路工程交工验收报告 表6-2-2

一	工 程 名 称	
二	工程地点及主要控制点	
三	建设依据	
四	技术标准与主要指标	
五	建设规模及性质	
六	开工日期	年　　月　　日
	完工日期	年　　月　　日
七	批准概算	
八	工程建设主要内容	
九	实际征用土地数（m^2）	
十	建设项目工程质量交工验收结论	
十一	存在问题处理措施	
十二	附件	1. 公路工程交工验收合同段工程质量评分一览表（表6-2-3） 2. 公路工程交工验收证书（表6-2-1）

公路工程交工验收合同段工程质量评分一览表 表6-2-3

项目名称：

施工合同段号	实 得 分	监理合同段号	设计合同段号	备　　注
工程项目质量评分				

计算：　　　　　　　　　　　复核：　　　　　　　　　　年　　月　　日

四、工程质量的政府监督

1. 政府监督的含义

政府监督是指政府交通主管部门和其所属的质量监督机构依法对工程建设和工程建设从业单位人员进行监督管理的活动。政府监督是公路工程质量保证体系中极其重要的质量监督环节之一，是政府职能部门强化对工程质量管理的具体体现。

2. 政府监督的性质

（1）强制性。政府的管理行业象征着国家机构的运转，而国家机构的管理职能是通过国

135

家法律获得的。因此,政府机构实施的监督管理行为,对于被监督者来说,只能是强制性的、必须接受的。

（2）执法性。政府监督主要依据国家法律、法规、方针、政策和国家及交通部颁布的技术规范、标准进行监督,并严格遵照法定的监督、检查、许可、纠正、强制执行等权力。监督人员每一个具体的监督行为都有充分的法律依据,带有明显的执法性。

（3）全面性。政府监督是针对整个工程建设活动的,而不是对某一个工程项目,就管理空间来说,覆盖了全社会;就一个工程项目的建设过程来说,则贯穿于工程建设的全过程。

（4）宏观性。政府监督侧重于宏观的社会效益,其着眼点主要是保证工程建设行为的规范性,维护国家和社会公众的利益和工程建设各参与者的合法权益。对一项具体的工程建设来说,政府监督不同于监理工程师的直接、连续、不间断的监理。

3. 监督实施

《公路工程质量管理办法》（交公路发［1999］90 号）第七章第三十四条明确指出:"公路工程质量实行政府监督管理制度。凡新建、改建的公路工程项目,均应由质监机构实施质量监督管理。"可见,质检机构代表政府实施工程质量监督工作。

质监机构必须建立健全质量监督工作机制,完善监督手段,增强质量监督的公正性、权威性和有效性。

质监机构负责检查、监督建设、设计、施工、监理单位建立健全质量保证体系;负责对建设项目的招投标活动进行监督检查;负责监督设计、施工和监理单位在资质允许范围内从事的公路工程建设的质量工作;负责对施工现场影响工程质量的行为进行监督检查。

质监机构实施以抽查为主的监督方式,并运用法律和行政手段,制止和纠正影响公路工程质量的建设行为。

公路工程交、竣工验收,质监机构应按公路工程检验评定标准对工程质量等级进行鉴定。未经鉴定或鉴定不合格的工程,不得组织验收和交付使用。

质监机构应具有相应的监督、检测条件和能力。根据需要,可以委托具备相应资质的试验检测单位,对公路工程项目进行检测。

国务院交通主管部门质监机构出具的检测数据,是全国最终检测数据;各省级质监机构出具的检测数据,是本行政区域内公路行业的最终检测数据。

五、路基的检查与验收

（1）当每一分项工程、分部工程、单位工程完成时,应按批准的设计图纸、设计文件、技术规范的要求,对施工质量进行中间检查。中间检查验收是保证工程质量的重要环节。出现的质量事故、质量问题要按规定程序进行处理,发现的质量缺陷根据规范要求或设计要求进行返工或者处理。

（2）路基施工过程中如有下列情况,应进行中间检查:

①地基准备工作完成后,及在斜坡上完成台阶后（清除地面杂草、淤泥等）。

②边坡加固前,应对其加固方法、形式、填挖方边坡加固的适用性,以及边坡坡度是否适当进行检查。

③发现已完工的土方工程及竣工后的路基被地面水浸淹损坏时。

④取土坑及弃土堆超过原设计的数量时。

⑤遇意外的填土下陷及填挖方的边坡坍塌需增加土方及边坡加固工程数量时。

⑥在进行计划以外的附加土方工程(排水沟、截水沟、疏导工程等)时。

⑦遇下列隐蔽工程时,必须按照设计要求和规范的有关规定进行中间检查验收;凡不符合有关规定的项目,不得进行下一工序。

a. 路基渗沟回填土以前;

b. 填方或挖方地段,按设计规定所做的换土工作完成后;

c. 对需采取特殊措施才能保证填方稳定的路基,在地基处理后(如泉水、溶洞、地下水处理后);

d. 路基隔离层上填土以前。

(3)各类防护加固工程基础开挖后,应检查基底地质、高程、地下水情况。

(4)交工验收前,应恢复施工段内的导线点、水准点,以及验收中要求和可能需要的其他标志桩。

(5)交工验收前,应按路基施工技术规范和《公路工程质量检验评定标准》(JTG F 80/1—2004)的要求进行自检,自检合格后,编制符合要求的交工资料,申请进行交工验收。

(6)交工竣工验收时,应对下列项目进行检查、验收:

①路基的平面位置。

②路基宽度、高程、横坡和平整度。

③边坡坡度及边坡加固。

④边沟和其他排水设施的尺寸及底面纵坡。

六、土方路基施工质量验收标准

1. 基本要求

在路基用地和取土坑范围内,应清除地表植被、杂物、积水、淤泥和表土,处理坑塘,并按规范和设计要求对基底进行压实。

路基填料应符合规范和设计规定,经认真调查、试验检测后合理选用。

填方路基须分层填筑压实,每层表面平整,路拱合适,排水良好。

施工临时排水系统应与设计排水系统结合,避免冲刷边坡,勿使路基附近积水。

在设定取土区内合理取土,不得滥开滥挖。完工后应按要求对取土坑和弃土场进行修整,保持合理的几何外形。

2. 实测项目

土方路基实测项目见表6-2-4。

土方路基实测项目 表6-2-4

项次	检查项目			规定值或允许偏差			检查方法和频率	权值
				高速公路一级公路	其他公路			
					二级公路	三、四级公路		
1	压实度(%)	零填及挖方(m)	0~0.30	—		94	按规定方法检查;密度法:每200m 每压实层测4 处	3
			0~0.80	≥96	≥95	—		
		填方(m)	0~0.80	≥96	≥95	≥94		
			0.80~1.50	≥94	≥94	≥93		
			>1.50	≥93	≥92	≥90		
2	弯沉(0.01mm)			不大于设计要求值			按规定方法检查	3
3	纵断面高程(mm)			+10, -15	+10, -20		水准仪:每200m 测4 断面	2

项次	检 查 项 目	规定值或允许偏差			检查方法和频率	权值
		高速公路一级公路	其他公路			
			二级公路	三、四级公路		
4	中线偏位(mm)	50	100		经纬仪:每200m测4点,弯道加HY、YH两点	2
5	宽度(mm)	符合设计要求			米尺:每200m测4处	2
6	平整度(mm)	15	20		3米直尺:每200m测2处×10尺	2
7	横坡(%)	±0.3	±0.5		水准仪:每200m测4个断面	1
8	边坡	符合设计要求			尺量:每200m测4处	1

注:①表列压实度以重型击实试验法为准,评定路段内的压实度平均值下置信界限不得小于规定标准,单个测定值不得小于极值(表列规定值减5个百分点的测点)。小于表列规定值2个百分点的测点,按其数量占总检查点的百分率计算减分值。

②采用核子仪检验压实度时应进行标定试验,确认其可靠性。

③特殊干旱、特殊潮湿地区或过湿土路基,可按路基设计、施工规范所规定的压实度标准进行评定。

④三级公路修筑沥青混凝土或水泥混凝土路面时,其路基压实度应采用二级公路标准。

3. 外观鉴定

(1)路基表面平整,边线直顺,曲线圆滑。不符合要求时,单向累计长度每50m减1~2分。

(2)路基边坡坡面平顺,稳定,不得亏坡,曲线圆滑。不符合要求时,单向累计长度每50m减1~2分。

(3)取土坑、弃土堆、护坡道、碎落台的位置适当,外形整齐、美观,防止水土流失。不符合要求时,每处减1~2分。

七、石方路基施工质量验收标准

1. 基本要求

(1)石方路堑的开挖宜采用光面爆破法。爆破后应及时清理险石、松石,确保边坡安全、稳定。

(2)修筑填石路堤时应进行地表清理,逐层水平填筑石块,摆放平稳,码砌边部。填筑层厚度及石块尺寸应符合设计和施工规范规定,填石空隙用石渣、石屑嵌压稳定。上、下路床填料和石料最大尺寸应符合规范规定。采用振动压路机分层碾压,压至填筑层顶面石块稳定,20t以上压路机振压两遍无明显高程差异。

(3)路基表面应整修平整。

2. 实测项目

石方路基实测项目见表6-2-5。

石方路基实测项目 表6-2-5

项次	检 查 项 目	规定值或允许偏差		检查方法和频率	权值
		高速公路一级公路	其他公路		
1	压实	层厚和碾压遍数符合要求		查施工刻录	3
2	纵断高程(mm)	+10,-20	+10,-30	水准仪:每200m测4断面	2

项次	检查项目		规定值或允许偏差		检查方法和频率	权值
			高速公路一级公路	其他公路		
3	中线偏位(mm)		50	100	经纬仪:每200m测4点,弯道加HY、YH两点	2
4	宽度(mm)		符合设计要求		米尺:每200m测4处	2
5	平整度(mm)		20	30	3米直尺:每200m测2处×10尺	1
6	横坡(%)		±0.3	±0.5	水准仪:每200m测4个断面	1
7	边坡	坡度	符合设计要求		每200m抽查4处	1
		平顺度	符合设计要求			

注:土石混填路基压实度或固体体积率可根据实际可能进行检验,其他检测项目与石方路基相同。

3. 外观鉴定

(1)上边坡不得有松石。不符合要求时,每处减1~2分。

(2)路基边线直顺,曲线圆滑。不符合要求时,单向累计长度每50m减1~2分。

八、浆砌排水沟验收标准

1. 基本要求

(1)砌体砂浆配合比准确,砌缝内砂浆均匀饱满,勾缝密实。

(2)浆砌片(块)石、混凝土预制块的质量和规格应符合设计要求。

(3)基础中缩缝应与墙身缩缝对齐。

(4)砌体抹面应平整、压光、直顺,不得有裂缝、空鼓现象。

2. 实测项目

浆砌排水沟实测项目见表6-2-6。

浆砌排水沟实测项目   表6-2-6

项次	检查项目	规定值或允许偏差	检查方法和频率	权值
1	砂浆强度(MPa)	在合格标准内	按规定检查	3
2	轴线偏位(mm)	50	经纬仪或尺量:每200m测5处	1
3	沟底高程(mm)	±15	水准仪:每200m测5点	2
4	墙面直顺度(mm)或坡度	30 或符合设计要求	20m拉线、坡度尺:每200m测2处	1
5	断面尺寸(mm)	±30	尺量:每200m测2处	2
6	铺砌厚度(mm)	不小于设计	尺量:每200m测2处	1
7	基础垫层宽、厚(mm)	不小于设计	尺量:每200m测2处	1

3. 外观鉴定

(1)砌体内侧及沟底应平顺。不符合要求时,减1~2分。

(2)沟底不得有杂物。不符合要求时,减1~2分。

139

九、砌体挡土墙质量验收标准

砌体挡土墙,当平均墙高小于6m或墙身面积小于1 200m²时,每处可作为分项工程进行评定;当平均墙高达到或超过6m且墙身面积不小于1 200m²时,为大型挡土墙,每处应作为分部工程进行评定。

1. 基本要求

(1)石料或混凝土预制块的质量和规格应符合有关规范和设计要求。

(2)砂浆所用的水泥、砂、水的质量应符合有关规范的要求,按规定的配合比施工。

(3)地基承载力必须满足设计要求。

(4)砌筑应分层错缝。浆砌时坐浆挤紧,嵌填饱满密实,不得有空洞;干砌时不得松动、叠砌和浮塞。

(5)沉降缝、泄水孔、反滤层的设置位置、质量和数量应符合设计要求。

2. 实测项目

砌体挡土墙实测项目见表6-2-7。

砌体挡土墙实测项目   表 6-2-7

项次	检查项目		规定值或允许偏差	检查方法和频率	权值
1	砂浆强度(MPa)		在合格标准内	按规定方法检查	3
2	平面位置(mm)		50	经纬仪:每20m检查墙顶外边线3点	1
3	顶面高程(mm)		±20	水准仪:每20m检查1点	1
4	竖直度或坡度(%)		0.5	吊垂线:每20m检查2点	1
5	断面尺寸(mm)		不小于设计	尺量:每20m量2个断面	3
6	底面高程(mm)		±50	水准仪:每20检查1点	1
7	表面平整度(mm)	块石	20	2米直尺:每20m检查3处,每处检查竖直和墙长两个方向	1
		片石	30		
		混凝土块、料石	10		

3. 外观鉴定

(1)砌体表面平整,砌缝完好、无开裂现象,勾缝平顺、无脱落现象。

(2)泄水孔坡度向外,无堵塞现象。

(3)沉降缝整齐垂直,上下贯通。

十、抗滑桩质量验收标准

1. 基本要求

(1)混凝土所用的水泥、砂、石、水和外掺剂的质量和规格,必须符合设计和有关规范的要求,按规定的配合比施工。

(2)施工中应核对滑动面的位置,如图纸与实际位置有出入,应变更抗滑桩的深度。

(3)做好桩区地面截、排水及防渗,孔口地面上应加筑适当高度的围堰。

2. 实测项目

抗滑桩的实测项目见表6-2-8。

抗滑桩实测项目

表6-2-8

项次	检 查 项 目		规定值或允许偏差	检查方法和频率	权值
1	混凝土强度（MPa）		在合格标准内	按规定方法检查	3
2	桩长（m）		不小于设计	测量绳：每桩测量	2
3	孔径或断面尺寸（mm）		不小于设计	探孔器：每桩测量	2
4	桩位（mm）		100	经纬仪：每桩测量	1
5	竖直度	钻孔桩	1%桩长，且不大于500	测壁仪或吊垂线：每桩检查	1
		挖孔桩	0.5%桩长，且不大于200	吊垂线：每桩检查	
6	钢筋骨架底面高程（mm）		±50	水准仪：测每桩骨架顶面高程后反算	1

十一、挖方边坡锚喷防护质量验收标准

1. 基本要求

（1）锚杆、钢筋和土工格栅的强度、数量、质量和规格必须符合设计和有关规范的要求。

（2）混凝土及砂浆所用的水泥、砂、石、水和外掺剂必须符合有关规范的要求，按规定的配合比施工。

（3）边坡坡度、坡面应符合设计要求。岩面应无风化、无浮石，喷射前必须用水冲洗。

（4）钢筋应清除污锈，钢筋网与锚杆或其他锚固装置连接牢固，喷射时钢筋不得晃动。

（5）锚杆插入锚孔深度不得小于设计长度的95%，孔内砂浆应密实、饱满。

（6）喷射前应做好排水设施，对漏水的空洞、缝隙应采用堵水措施，确保支护质量。

（7）钢筋、土工格栅或锚杆不得外露，混凝土不得开裂脱落。

2. 实测项目

锚喷防护的实测项目见表6-2-9。

锚喷防护实测项目

表6-2-9

项次	检 查 项 目	规定值或允许偏差	检查方法和频率	权值
1	混凝土强度（MPa）	在合格标准内	按规定方法检查	3
2	砂浆强度（MPa）	在合格标准内	按规定方法检查	3
3	锚孔深度（mm）	不小于设计	尺量：抽查10%	1
4	锚杆（索）间距（mm）	±100	尺量：抽查10%	1
5	锚杆拔力（kN）	拔力平均值≥设计值，最小拔力≥0.9设计值	拔力试验：锚杆数1%，且不少于3根	3
6	喷层厚度（mm）	平均厚≥设计厚；60%检查点的厚度≥设计厚；最小厚度≥0.5设计厚，且不小于设计规定	尺量（凿孔）或雷达断面仪：每10m检查1个断面，每3m检查1点	2
7	锚索张拉应力（MPa）	符合设计要求	油压表：每索由读数反算	3
8	张拉伸长率（%）	符合设计规定；设计未规定时采用±6	尺量：每索	2
9	断丝、滑丝数	每束1根，且每断面不超过钢丝总数的1%	目测：逐根（束）检查	2

注：实际工程中未涉及的项目不参与评定。

3. 外观鉴定

混凝土表面密实,不得有突变;与原表面结合紧密,不应起鼓。

十二、砌石工程验收标准

1. 基本要求

(1)石料的质量和规格及砂浆所用材料的质量和规格应符合设计要求,按规定的配合比施工。

(2)砌块应错缝砌筑、相互咬紧;浆砌时砌块应坐浆挤紧,嵌缝后砂浆饱满,无空洞现象;干砌时不松动,无叠砌和浮塞。

2. 实测项目

浆砌砌体的实测项目见表6-2-10。

浆砌砌体实测项目　　　　　　　　　　表6-2-10

项次	检查项目		规定值或允许偏差	检查方法和频率	权值
1	砂浆强度(MPa)		在合格标准内	按规定方法检查	3
2	顶面高程(mm)	料、块石	±15	水准仪:每20m检查3点	1
		片石	±20		
3	竖直度或坡度	料、块石	0.3%	吊垂线:每20m检查3点	2
		片石	0.5%		
4	断面尺寸(mm)	料石	±20	尺量:每20m检查2处	2
		块石	±30		
		片石	±50		
5	表面平整度(mm)	料石	10	2米直尺:每20m检查5处×3尺	2
		块石	20		
		片石	30		

干砌砌体的实测项目见表6-2-11。

干砌砌体实测项目　　　　　　　　　　表6-2-11

项次	检查项目	规定值或允许偏差	检查方法和频率	权值
1	顶面高程(mm)	±30	水准仪:每20m检查3点	1
2	外形尺寸(mm)	±100	尺量:每20m或自然段,长宽各3处	2
3	厚度(mm)	±50	尺量:每20m检查3处	3
4	表面平整度(mm)	50	2米直尺:每20m检查5处×3尺	2

3. 外观鉴定

(1)砌体边缘直顺,外露表面平整。不符合要求时减1~3分。

(2)勾缝平顺,缝宽均匀,无脱落现象。不符合要求时减1~3分。

十三、导流工程验收标准

1. 基本要求

(1)所用材料的质量和规格应符合有关规定。

(2)导流堤(坝)的基础埋置深度及地基承载力应符合设计要求。

2. 实测项目

导流工程的实测项目见表6-2-12。

导流工程实测项目

表 6-2-12

项次	检查项目		规定值或允许偏差	检查方法和频率	权值
1	砂浆强度(MPa)		在合格标准内	按规定方法检查	3
2	平面位置(mm)		30	经纬仪:按设计图控制坐标检查	2
3	长度(mm)		不小于设计长度 – 100	尺量:每个检查	1
4	断面尺寸(mm)		不小于设计	尺量:检查5处	2
5	高程(mm)	基底	不大于设计	水准仪:检查5点	2
		顶面	±30		

3. 外观鉴定

表面规整,线条直顺,曲线圆滑。不符合要求时减 1~3 分。

十四、石笼防护验收标准

1. 基本要求

(1)所用材料的质量和规格应符合有关规定。

(2)铁丝笼的网眼尺寸应符合设计要求。

(3)石笼的坐码或平铺应符合设计要求。

2. 实测项目

石笼防护的实测项目见表6-2-13。

石笼防护实测项目

表 6-2-13

项次	检查项目	规定值或允许偏差	检查方法和频率	权值
1	平面位置(mm)	符合设计要求	经纬仪:按设计图纸控制坐标检查	1
2	长度(mm)	不小于设计长度 – 300	尺量:每个(段)检查	1
3	宽度(mm)	不小于设计长度 – 200	尺量:每个(段)量5处	1
4	高度(mm)	不小于设计	水准仪或尺量:每个(段)检查5处	1
5	底面高程(mm)	不高于设计	水准仪:每个(段)检查5点	1

🔍 复习思考题

1. 为什么要进行路基整修?

2. 如何对路基顶面表层进行整修?

3. 如何对路基边坡进行整修?

4. 如何对路基排水系统进行整修?

5. 公路工程交工验收的基本程序?

6. 政府监督的作用?

7. 什么时间对路基进行中间检查?

8. 路基施工质量验收内容可分为几类?

参 考 文 献

[1] 中华人民共和国行业标准.JTG F10—2006 公路路基施工技术规范[S].北京:人民交通出版社,2006.

[2] 中华人民共和国行业标准.JTG 041—2000 公路桥涵施工技术规范[S].北京:人民交通出版社,2000.

[3] 中华人民共和国行业标准.JTG F80/1—2004 公路工程质量检验评定标准[S].北京:人民交通出版社,2004.

[4] 刘吉士,阎洪河.公路路基施工技术[M].北京:人民交通出版社,2003.

[5] 王书斌,杜群乐.公路路基施工要点与质量控制[M].北京:人民交通出版社,2005.

[6] 《高速公路丛书》编写委员会.高速公路路基设计与施工[M].北京:人民交通出版社,2000.

[7] 张林洪,吴华金.公路排水设施施工手册[M].北京:人民交通出版社,2005.

[8] 罗竟,邓廷权.路基工程现场施工技术[M].北京:人民交通出版社,2006.

[9] 赵明阶,何光春,王多根.边坡工程处治技术[M].北京:人民交通出版社,2003.

[10] 鲍明伟.路基工程[M].北京:人民交通出版社,2005.

[11] 殷永高,屠筱北.公路地基处理[M].北京:人民交通出版社,2002.

[12] 李上红.公路工程施工常见地质病害处治技术[M].北京:人民交通出版社,2004.

[13] 黄生文.公路工程地基处理手册[M].北京:人民交通出版社,2005.

[14] 白双信.黄土地区高速公路施工新技术[M].北京:人民交通出版社,2001.